有话好好说

你的人生是你"说"出来的

鹿雯立 著

四川文艺出版社

图书在版编目（CIP）数据

有话好好说：你的人生是你"说"出来的／鹿雯立著.－－成都：四川文艺出版社，2020.4（2022.2重印）

ISBN 978-7-5411-5566-6

Ⅰ.①有… Ⅱ.①鹿… Ⅲ.①语言艺术—通俗读物 Ⅳ.①H019-49

中国版本图书馆CIP数据核字(2020)第020689号

YOUHUA HAOHAOSHUO: NIDE RENSHENG SHINI "SHUO" CHULAI DE

有话好好说：你的人生是你"说"出来的
鹿雯立 著

出 品 人	张庆宁
选题策划	吴 坤
责任编辑	吴 坤　彭 炜
封面设计	叶 茂
内文设计	史小燕
责任校对	段 敏
责任印制	桑 蓉

出版发行	四川文艺出版社（成都市槐树街2号）
网　　址	www.scwys.com
电　　话	028-86259287（发行部）　028-86259303（编辑部）
传　　真	028-86259306
邮购地址	成都市槐树街2号四川文艺出版社邮购部　610031
排　　版	四川胜翔数码印务设计有限公司
印　　刷	四川五洲彩印有限责任公司
成品尺寸	145mm×210mm　　开　本　32开
印　　张	10　　　　　　　　　字　数　220千
版　　次	2020年4月第一版　　印　次　2022年2月第七次印刷
书　　号	ISBN 978-7-5411-5566-6
定　　价	48.00元

版权所有·侵权必究。如有质量问题，请与出版社联系更换。028-86259301

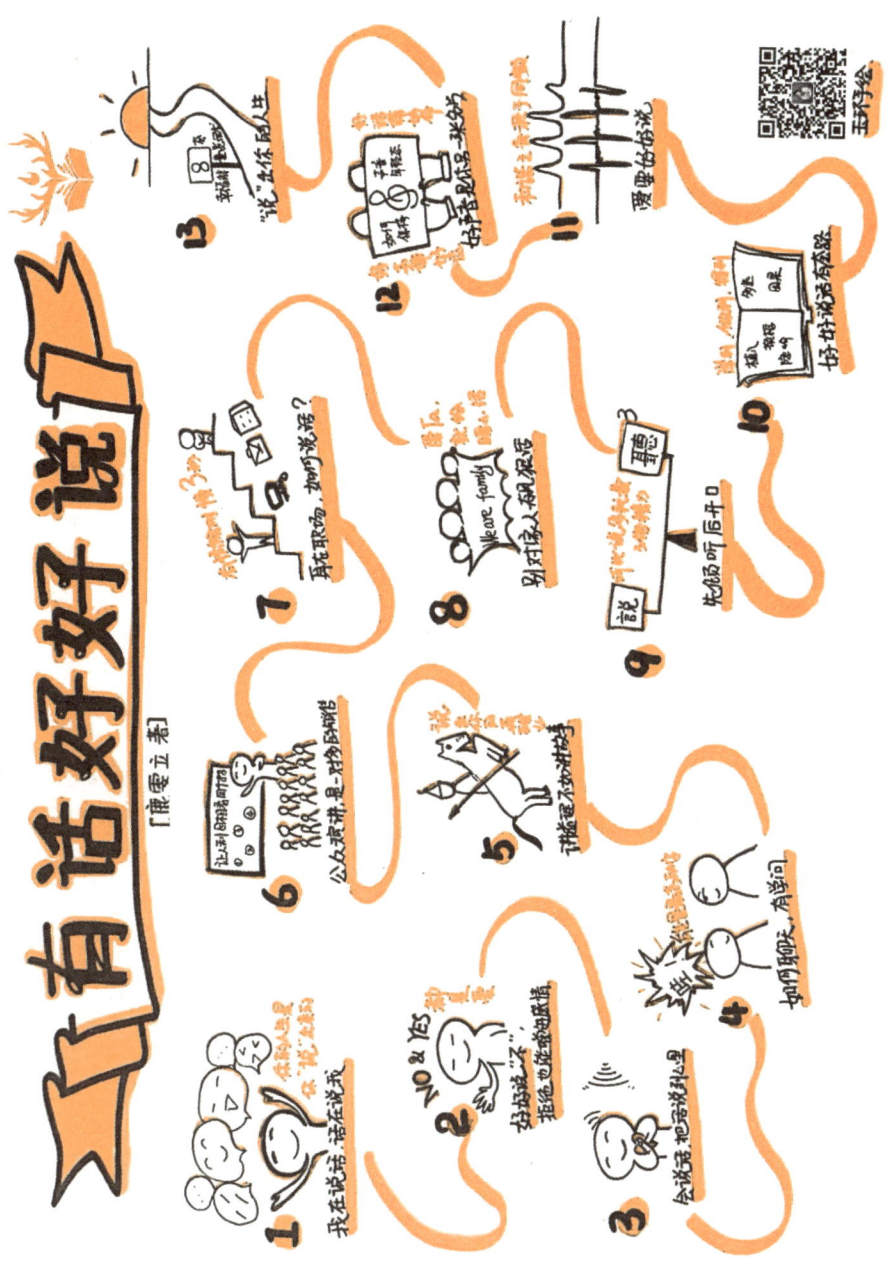

CONTENTS | 你的人生是你"说"出来的 | 目录

推荐序：好好说话，生命的呈现与照亮·001

CHAPTER 01
我在说话，话在说我
\\ 不会说话，好事都能办砸。\\

你的人生是你"说"出来的·003
不会说话，你失去了什么都不知道·009
你是什么样的人，就会说什么样的话·013
谁说过什么话，影响过你的生命·018
学会好好说话，是性价比最高的投资·023

CHAPTER 02
好好说"不"，拒绝也能增进情感
\\ 学会说"不"，是大学问。\\

高效沟通，从好好说"不"开始·031
神奇的"不"，你的潜意识听不到·034
有话好好说，说"不"也暖心·038

NO与YES都是爱的表达 · 043
如何对亲近的人说"不" · 047

CHAPTER 03
会说话，把话说到对方心坎里
\\\ 语言是修行的法门，言布施，可以轻松实现。\\\

把话说到对方心坎里 · 055
你在人们眼中最大的优点是什么 · 059
教你一招：不露痕迹地赞美他人 · 062
一句话成就一个人 · 068
你若不会鼓励自己，就没人鼓励你了 · 073

CHAPTER 04
如何聊天有学问
\\\ 掌握小窍门，"聊效"由你定。\\\

选择话题，见什么人说什么话 · 081
脱口而出：能量最高的一个字 · 086
如何越聊越投机 · 089
如何避免尬聊 · 094
给你好看：说话时记得给人好脸色 · 098

目录

CHAPTER 05
讲道理不如讲故事
\\\ 讲道理是最愚蠢的行为。\\\

故事的高热能·105
好故事胜过大道理·109
让别人喜欢你的故事·113
好故事有套路·116
英雄之旅：说你的故事·121

CHAPTER 06
公众演说是一对多的销售
\\\ 公众演说，批发式的自我销售。愿意帮助你的人，就坐在观众席里。\\\

演说是门手艺，早学会早受益·127
演说，让更多人知道你是谁·132
让人刮目相看的四个简招·135
让演说大放异彩的四元素·139
七步成诗，随时随地即兴演讲·144

CHAPTER 07
身在职场，如何说话
\\ 职场即修炼场，说话是修行的法门。\\

做功课：了解他的喜爱与担忧 · 153
模棱两可的话是职场沟通的大忌 · 157
有情绪时慢三秒再说话 · 160
话里话外都是"成就你" · 164
好声音、会说话，一样都不能少 · 167

CHAPTER 08
别对家人飙狠话
\\ 家是说爱的地方，不是讲理的地方。\\

爱他，就别说让他伤心的话 · 173
爱他，就给句暖心的话 · 178
简招即绝招：你只需说这四句话就够了 · 183
你要读懂爱的语言 · 187
爱要好好说 · 191

CHAPTER 09
先倾听后开口
\\ 听比说要多耗费3倍的精力。懂得倾听的人最受欢迎。\\

有时听比说更重要 · 197

目录

如何听出弦外之音 · 201
倾听的三个层次 · 205
有时不回答就是回答 · 208
你只需提出好问题 · 211

CHAPTER 10
好好说话有套路

\\ 良好的沟通背后有方法论，学会方法，举一反三，学到、做到、得到。\\

黄金聊天术：隐喻法 · 217
黄金聊天术：因果法 · 220
黄金聊天术：多选法 · 223
黄金聊天术：植入法 · 225
黄金沟通术：换框法 · 229

CHAPTER 11
爱，要好好说

\\ 心里明明是关心是爱，一开口却成了责备与质问。爱，要正向表达。\\

你抗拒什么，就放大什么 · 237
赞美的背后是感恩之心 · 241
宁静的心方能说出美好的话 · 247
和谐之声源于同频率 · 250
爱我你就夸夸我 · 253

CHAPTER 12
好声音是你的另一张名片
\\ 声临其境 你的声音形象价值百万 \\

让人因为声音爱上你 · 259
如何发声更好听 说话更动听 · 262
如何让你的声音保持青春态 · 266
拥有好声音的内驱力 · 269
好声带好运 好话带好命 · 272

CHAPTER 13
"说"出你人生
\\ 你的人生是你说出来的 \\

越优秀的人越懂得好好说话 · 279
你说什么，什么就是你 · 284
你不是催眠别人，就是被别人催眠 · 288
谈笑间的优质对话 · 293
8套幸福能量说话术 · 297

尾声：你的人生，"你"说了算 · 302

好好说话,生命的呈现与照亮

推荐序

■ 我从未想过有一天会为他人写序,所以当这一天来临的时候,我有一种复杂的情绪。唯恐辜负了作者的心血文字,怠慢了未来读者有意无意的热情和期许,同时我又有一份私心:想表达。因为对作者的熟知,尤其是见证了她多年的成长和成熟,与其说是推荐这本书,不如说我更愿意向未来幸运的读者来介绍这本书和这些文字背后的一个美好灵魂——雯立。

初识雯立缘于七年前我的一次工作坊。现场七百多人中,雯立给我留下了深刻的印象。除了她温和的笑容、亲和的气质、自然的谈吐、高品质的提问外,她的眼神令我非常难忘。她的眼神充满了求知、渴望、坚定和喜悦。直觉告诉我,她有超高的悟性,未来的她说的话、做的事,将会影响很多人,她身上有一种特别的能量和感染力。当时我很笃定地对她说：你有做好咨询师和培训师的天分，少有人能同时具备这两种能力，别辜负了老天的馈赠，你将照亮很多人。

在陆续的联系中，我知道她真的走上了这条路。而且一走，就是七年。俗话说，七年之痒。对于雯立，更确切地说是七年之养。持续的学习和成长终于孕育了一个值得分享和庆贺的宝贝：新书《有话好好说：你的人生是你"说"出来的》。七年里，我们有持续的交流和见面。她成长的速度令人惊讶，我从她身上仿佛听到竹子拔节的声音。当然我清楚，她拔节的背后还伴随着疼痛，是她不愿辜负读者的执着和努力。我始终没有机会也不太愿意去问她一个咨询师的常规问题：你成功的背后究竟有多么的不容易？

她在专业上日渐成熟且自如，内在人格魅力也日益丰满，尤其是她的谈吐方式和谈话气质！雯立做到了内外合一，真的可以做到"说"出我的人生，她是自己的预言者。今天的雯立承载文字和语言的功力远远不止她七年的知识积累，更多的是她一颗热情、谦逊、包容、智慧和慈悲的心。

我反复翻阅了她的书稿，每一次的阅读都让我感受到这本书作者的智慧和用心，每一次的阅读都让我由衷地感受到作者心灵的成长。我有一个奇妙的美好想象，既然这本书说出了雯立的人生成长之旅，提供这么好的实用工具和方法。那么对于有机会遇到这本书的读者，也将会获得双重的收获——学好说话，过好一生。

夏天

著名心理学家

我在说话,
话在说我

CHAPTER 01

你是一个什么样的人,就会说什么样的话。

语言的背后是思维模式,思维模式决定行为模式。有时一句话就可能改变命运。

学会说话,是性价比最高的投资。

你的人生是你"说"出来的

《论语》的第一句话是:子曰……

人类自古以来通过口口相授传递着能量和信息。人类最伟大的成就来自沟通,而沟通85%源自语言。

不同方式地说,带给人不同的感觉。

阿方打电话开口第一句是:"有一个问题……"

而同事小悦却是:"告诉你一个好消息……"

阿方与小悦一样努力,却不明白为什么别人看到他就皱眉,而看到小悦却欢喜。他不知别人背后叫他"问题先生",而小悦却被唤作"小喜鹊"。

如果你聚焦缺失的,当然谈话的内容就有问题。

"这事不可能的。"

"没有办法。"

"我做不到。"

这样的话语总会让人陷入困境,因为你已经向大脑下达了指令:办不到。你的思想先把解决问题的出路给堵死了。

我从小文理偏科。小学时最怕做那种题:一辆红车先跑,时速是多少，随后一辆蓝车开动，时速是多少，问蓝车需要多少时间能追上红车？我的大脑就无法聚焦在问题本身，我会想：红车为什么要先跑？它与蓝车有什么关系？蓝车干吗要追它？

没有聚焦在问题本身上，自然会分散注意力。想得再多再有趣，都与结果无关。

生活中也一样。遇到问题时如果你说"办不到、不可能"，即是负向思维。如果你说"我要找出解决问题的办法""凡事有三种以上的解决方法"，就是正向思维。心态不同，自会说出不同的语言。反过来，语言又可以改变心态，心态决定结果。我们不妨尝试一下：

"我不要被人欺负"改为"我需要别人的尊重"。
"这不可能"改为"一定有方法可以突破"。
"我没办法"改为"总会有办法的"。

你会发现，使用负面语言的人，透露出很强的无力感。而使用正向语言的人，话语间都是有力量的，表达上感觉是动态的。

同一个意思有不同的说法，说法不同感受就不同。

我离婚了。
我恢复单身。

我没有钱。

我在说话,话在说我

我需要增加收入。

我欠债了。
我的资产出现负增长。

我从来没想过。
我得好好想想了。

我被公司辞退了。
我有了重新找寻新发展的机会。

以前没有人做成过。
我们有了成为第一的机会。

这件事太复杂了。
我该如何拆解细分去完成它。

我每次都失败。
我从那些失败的教训中学到了什么。

不难发现,肯定的语言,能让人更自信。而一旦形成必胜的信念,很多问题会迎刃而解。

我刚开始在平台上做音频课程时,向经纪人表态:"我会认真听听别人做的精品,争取做好。"而她对我说:"雯立姐,做出你自己的特色。在我心里你已经是最好的了。"

她的话给了我很大鼓励。这也是教练的能力:**先成为,后拥有**。我们不必等什么条件都具备了才去做,而是先行动,去与目标贴合。因为正向的语言影响了信念系统,信念影响行为,行为产生肯定的语言,是转化自信能力的关键。

一个人的童年如果否定多于肯定,就会导致在成年后不断寻找肯定。正向话语对人的一生都会产生深远的影响。

前几日与女儿交流,问她为什么不愿学习跳舞。我一直寻找机会与她沟通此事,因为她4岁开始学舞,身体素质和身材比例都很好,可她却表示坚决不跳了。这一直是我的心结,想不明白她为什么不愿学舞。终于她打开心扉说出实情:受不了老师每节课都点名批评,叫着你的名字,当着家长和学员的面批评你这不对、那不好,自尊心被碾得粉碎。

我与先生沟通:"其实老师都是为她好,也不是批评她一个人。正向思维还锻炼抗挫力呢!"先生说:"孩子还小,要鼓励为主。如果好话没有发挥出好作用,那又有什么用呢?每个孩子的性格不一样,尊重她的意见吧。"

设身处地,我也知道被当众批评的滋味不好受。

小时候因为偏科,小学数学老师把我带到教研室,教研室里还有其他班的老师和学生,数学老师当着众人指着我说:"你们看她长得挺聪明的吧,其实笨得很!"我现在都记得她说"笨"字的嘴型。可当年的我没有女儿那么倔强,真心认领、照单全收:自己真的很笨。

30岁去考驾照,教练整天批评我"一塌糊涂",一下把我带到了童年码头:想起小学数学老师说我笨得很。

语言对一个人的影响有多大!

好在我一直在学习,在改变。如果没有学习、没有觉知呢?

我们不妨有意识地留意自己说出的话,检查确定自己的语言模式,主要有三大类:**扭曲类、删减类和归纳类。**

一、扭曲类的语言模式:

1. 猜臆式:如"他不喜欢我送的东西"。
2. 因果式:如"我没有答应他,所以他生我气了"。
3. 相等式:如"你不陪我,就是不在乎我"。
4. 假设式:如"你不会在骗我吧"。

二、删减类语言模式:

1. 名词不明确式:如"我知道你是个老实人"。
2. 动词不明确式:如"你伤害了我的自尊心"。
3. 简单删减式:如"我不甘心"。
4. 比较删减式:如"他对我最好"。

三、归纳类语言模式:

1. 以偏概全式:如"你从来都不关心我"。
2. 能力限制式:如"我不能带她走"。

3. 价值判断式：如"老实就会被人欺负"。

所有的语言都始于我们内心深层的一些意念，经过大脑中扭曲、删减、归纳三个程序的不断运用，最终这些话会脱口而出。

不难理解为什么阿方脱口就说"有一个问题"，而小悦开口即是"有一个好消息"。语言总是最直接地显示出说话者的身份与信念系统。

人们本能地愿意接近乐观积极的人，远离悲观消极的人。

每个人说话都有自己的语言模式。请留意自己每天说出来的话。透过语言，发现自我，是值得做的功课。

我曾录下自己一整天所说的话，回放给自己听。发现口头语居然是"我觉得"！我开始反省是什么语境下说出这样的话，是否太在意自我？是否太少考虑对方的感受？该如何修正？这成了我一段时间的课题。

我们通过语言与他人，与世界交流。岂能对自己的语言模式一无所知？

好声带好运，好话带好命。如果你说自己是个倒霉蛋，说久了你就是了。如果你说自己总得贵人相助，是个幸运儿，久而久之，幸运儿就是你。

你的人生是你"说"出来的。你说什么，什么就是你。

不会说话，你失去了什么都不知道

一个人能说话，不等于会说话。

语言会暴露一个人的心理状态。

三位优秀的男士都深爱同一位女生，前两位都被拒之千里，唯有最后一位抱得美人归。女方拒绝的原因是她有精神病家族史，怕连累对方。三位都想表达：我不在乎。但他们的说法不一样。

第一位先生说：你根本没病。

第二位先生说：我一定会陪你把病治好。

他们都很爱她。

第三位先生则说：好巧，我也有精神病。

如果你是女生，会选择谁呢？一位否认你有病，一位要舍己救人，唯有懂得共情：我和你一样，才会同频共振。

能讲话不等于会说话。一句话能把人说笑，一句话也能把人说哭。**语言是沟通的利器，关键看你怎么用。**

我作为"好声音+会说话"课程的研发人，自开课以来时时受到鼓舞。因为这门课帮助了很多人，让更多人的生命因为会说话而改变。特别是其中身份为中小学教师的学员，他们本身就有输出的平台，且极具举一反三的能力。把"会说话"的功夫用在课堂上，学生们更加喜爱自己的老师。好好说话，也是一种功德，也是一种布施。或许老师或父亲无意的一句鼓励，孩子会记一辈子。

在学校，不会说话只会影响到成绩，而在职场与社交场合，不会说话就几乎等于不会做事。

如果不会说话，好事都能办砸。表现如下：

一、自以为是，怎么把人得罪的都不知道。

小学同学毕业20周年聚会，同学们相互介绍自己的情况。

小红说："小明，你现在是局长了，咱班同学小亮现在做建筑设计师，你那儿有什么项目可要想到老同学啊。"

小明说："啊，到时再说吧。我们局合作的基本都是北大清华的专家。"

小明这句话一出，小红很尴尬，在场的小亮则对小明心生反感。其他同学也觉得小明太自以为是了。

任何时候都别忘了：**良言一句三冬暖，有话一定好好说。**

二、说话负面，影响他人情绪及团队形象。

家庭和团队里，出现说话负面的人，总是让人很头痛。

王老师和胡老师都是认真负责的人，一次他们带同学们去春游。早上一见面，胡老师就对王老师说："我昨天做了一个梦，孩子跑丢了。"

从这句话开始，王老师整天都很紧张。

接着胡老师闲聊就开始说:"早餐吃得太匆忙,现在胃痛。"

到了中午胡老师说她腰痛,下午脚痛。一路都在念叨。

王老师觉得自己也跟着不舒服了!

这是为什么呢?因为胡老师从头到脚的负向语言带出的负能量影响了身边的人!

团队的能量与语言有很大的关系。这也是为什么部队训练会使用积极口令的原因。**因为团队中能量是会传染的!**

三、说话不严谨,给工作带来被动。

现在进入自媒体时代,我们每个人都有话语权。怎么说,是关键。

在工作中措辞不当,不经意也可能引发对方的误会。

我朋友是位讲授服务课程的专家,她说一次飞行中听到空乘人员问旅客:"您要炒蛋还是粥?"

她敏锐地意识到这种方式不合适。因为"炒蛋"与"操蛋"发音相近,很容易让人产生误解,可以改为"炒鸡蛋"就更准确了。同时这样问,会让前面的旅客感受到如果早餐只有这两种选择,那就选价值高的,后面的旅客就可能只能选择粥了。

世界上不缺会做事的人,但缺少会说话的人。

职场中我们要注意自己说出来的话,在家庭中更要注意。不能把礼貌给了别人,却无视最亲爱的人。对亲人说话口无遮拦,会伤了他们的心。说出去的话,泼出去的水,覆水难收。

几米的绘本有这样一句话:"小孩子宁愿被仙人掌刺伤,也不愿听到大人对他的冷嘲热讽。"

　　对长辈、伴侣和孩子，心中有爱，要好好说。

　　千万别让你的嘴，拖了你幸福的后腿。

你是什么样的人,就会说什么样的话

什么人说话常常最有影响力?从小到大依次是:父母、老师、领导、榜样或偶像。

1

孩子的一生都在期待父母的肯定。电影《摔跤吧!爸爸》中大女儿终于在得冠军时等到父亲那句话:你是我的骄傲。

而大部分父母是不擅表达的。姜文在《十三邀》中对许知远讲过,他正跟母亲绘声绘色描述自己的作品时,母亲一句话打断了他:"我要去洗衣服了,你的衣服还泡在盆里呢。"对于一辈子操持家务的母亲来说,家务活很重要,持家过日子是大事。可对于儿子来说,母亲的欣赏比什么都宝贵。彼此相爱,却没能同频率地给予或接收。

我记得自己从小对长相自卑,认为自己眼睛小小的,鼻子扁扁的,还有小雀斑……而父亲一直觉得我是可爱的。他形容:我们女儿不俗气。我开始觉得自己独特,与众不同。我的作文一直写得很好,我的声音也很好听,参加演讲、朗诵总是最受瞩目的。随着年龄的增长，越来越多的人说我气质好。我也认为：是的，就是这样。

我的同学是个大美女，人称"黑牡丹"。明眸皓齿，高鼻梁尖下巴，肤色偏黑且光洁，长得很洋气，我看了都喜欢。而每次有人夸她漂亮时，只要她妈在旁边就会回一句：丑死了！所以即使她很美，她也从来没有意识到自己是珍宝。其实她的父母都是高级知识分子，很爱她，只是他们不会表达或是怕她太骄傲。参加她的婚礼，她父亲一句"我最亲爱的女儿"，特别打动我。其实她的父母一直非常爱她。这位美丽的同学中年得了抑郁症。她很美，却从没好好绽放过。

从小鼓励孩子，将建立孩子一生的自信。

孩子最初的自信，源自父母。

只是父母常常在孩子入学后，不由自主地将注意力聚焦于成绩，忽略了孩子其他的宝贵品质。当对自己的孩子说出刻薄的话时，我们不再是那个温暖的父母，而是浮躁焦虑之人。我们需要用成绩来证明孩子的优秀。

2

女儿小学转过学，遇到两位语文老师。

一位的口头禅是：你们是我教过的最差的班。

另一位则是：你们是我教过最好的班。

权威者的话不断重复，孩子们往往会深信不疑。没人愿意被人说"最差"。

很庆幸,女儿最后遇到好老师。因为这位老师一贯优秀,她对教过的每个班的孩子都说"你们是我教过最好的班"。

我想起有一位在TED演讲的美国老师,她出身于教育世家,而学校交给她的班是最难带的,都是让人伤脑筋的孩子。这位老师对全班同学说:"我来自教育世家,你们在座的每一位都是我千挑万选出来的,你们有最优秀的品质,是我争取来的!"结果是这群孩子毕业时成绩优异,且特别有创造力。多年后他们一直感恩自己的老师。

教育成功的故事总是很雷同,而失败的故事却很具体。

女儿说最喜爱班主任的课,她总是和颜悦色,她对孩子们的回答总是:"嗯,挺好","嗯,不错","嗯,请坐"。

我想起自己小时候读书时答错题,老师会随口说:"开黄腔!"

而女儿的老师总是鼓励他们上课发言,并说:"我是有30年教龄的老教师,教出过很多优秀的学生。相信我,你们是泥鳅,我都能把你们拉成黄鳝。你们要相信自己呀!一定要配合老师养成好习惯,终生受益。"

她总是表现得胸有成竹,对自己的能力与学生的潜力充满信心。遇到这样的老师是多么幸运。

语言的背后,是一个人的信心、价值观。

3

领导作为权威人物给予下属的肯定与否定的话语,都会产生极大的影响。工作时遇到好领导，会受益终生。

20年前在我刚从事新闻宣传工作时，每日都有上稿量的任务，我感觉压力很大，常常因此焦虑。

记得有一次我陪同中国社会科学院专家到生产一线考察，合影时我负责拍照，专家对厂长说："小鹿很优秀。"厂长回了一句："是的，非常有才华。"

其实那时我都不确认自己是否有才华，而他认为我有，那么我就相信自己有。被领导认同，是每个人的内心需求。在不经意的时候听到这样的话，感觉深深被鼓舞。

我一直很努力工作，当时的状态是一年一个台阶，步步高。

我高龄怀孕，且有流产先兆，医生要求卧床。身为工作狂的我不得不天天躺在床上，不能工作心里也很内疚。当时我的党委书记对我说了一句话，让我一生感恩。他说："小鹿，你现在身体比工作重要，这是关系到两个家庭的大事。"

5年后书记退休了，他看到我的散文集，对周围的人说："原来只知道小鹿新闻写得好，没想到散文写得这么漂亮。"

他的鼓舞我一直记在心里，让我一次次确认，原来我这么好。

4

从一个人的偶像崇拜，可以判断出一个人的价值观。

你喜欢一个人物，一定是他身上具备你特别渴望拥有的东西。你们在一个频道上。

比如，有人喜欢张德芬，因为张德芬说了一句："亲爱的，外面没有别人。"于是内心产生了深深的联结。

比如，有人喜欢罗振宇，因为看到他每一天、每一年的坚持，认同他说："做时间的朋友。"

比如，有人喜欢胡歌，因为他的经历，他的角色，都看到让自己欣赏的一面。

我每当听到习总书记说的那句"幸福是奋斗出来的"就会怦然心动，因为我是幸福教练，我想帮助支持3亿女性得到幸福。

你是什么人，就会说什么话。

发生在重庆的公交车坠江事故让人唏嘘。那位过了站坚持要司机停车，并去推拉司机的女乘客，多少人因她有家回不去。

很多问题，都是一句话的事。它可以化解矛盾，也可能激化矛盾。

好声带好运，好话带好命。

你是什么样的人，就会说什么样的话。这一点儿不假，不信你去观察一下：说出怨毒话语的人是怎样的生命状态，常说暖心话语的人又是怎样的生活态度！

谁说过什么话,影响过你的生命

"谁说过什么话,影响过你的生命?"答案就在问题里。

我在做自己的"好声音+会说话"课程中提到这个问题时,通常学员会有两种反应。

一种是:"没有啊,好像没什么。"一脸茫然。

一种是:"有啊,您听我说……"滔滔不绝,仿佛有一肚子的话要说。

前一种通常没有深入思考,脱口而出,没有什么人的什么话能影响到你,只是你大脑中的想法。别说语言了,就是经常出现的广告都极可能进入你的潜意识,影响你的选择。

而第二种能立即说出故事的,通常在那个瞬间意识到语言对自己行为的影响。有位女性朋友在商学院的课程中站起来分享:"我来自一个著名的家族,从小父母都说,'我们家用不着女孩子出人头地。'可我一直觉得被束缚,我偏要做出一番事业来给他们看!"

这是她创业的动力。语言的力量,同样的一句话可以激发你做出与众不同的举动。

有一位女性领导曾在课程中分享自己的经历。这位领导其实我很小的时候就认识她,她是高我三届的校友。我们所有人见证她从小到大的光环,她一直是传说、是榜样。每次站在领奖台上的总是她,德智体美全面发展,你想不认识她都难。她无疑是优秀的,同时大家又觉得她很骄傲。

而眼前骄傲的学姐站起来分享:"我爸爸临终前的一句话影响了我一生。"

学姐的父亲我见过,是一个又帅又温暖的男人,可惜英年早逝。学姐是家中老大,还有一个妹妹和一个弟弟。学姐的母亲也是我们学校的老师,在我们眼中是一位才华横溢的人,每次大合唱她都是最引人注目的指挥,特有气质。据说她不擅家务,一直被老公宠爱。

父亲在临终前叮嘱学姐照顾好妈妈和弟弟妹妹,并说:"别忘了你是姐姐。"

就是这句话,激励这位学姐更加努力向上,做到最好。这就是我们看到的那个离我们很远的优等生。如今弟弟与妹妹早已长大成人,她依然会不自觉地像家长一样去"帮助"弟弟、妹妹,后来爱成了负担,有了矛盾。

"因为我是姐姐!"曾经强大的学姐已泣不成声。

这是父亲在她心里种下的种子。她从此做一切事的原动力都是父亲的这句遗言。

一句话可以让人哭也可以让人笑,可能被激励也可能被打击。这就是语言的魔力。有时难过了,可能"说说话就好了"。

关于语言的魔力，我推荐一部电影《庸人哈尔》，又名《情人眼里出西施》。

当哈尔还是个8岁的小男孩时，父亲即将离世，他母亲让他与病榻前的父亲见最后一面。任何人都没想到，父亲临死前对他说的话居然是："哈尔，你以后找女人，一定要找胸部特别大，屁股特别大的那种！"说话时父亲的神情充满向往！可能是自己这一生被压抑太多。这相当于在这个8岁孩子心中种下了种子，长大后的哈尔对父亲的话深信不疑，从来只追求胸大无脑的女人，且屡屡碰壁。直到他在电梯里遇到潜能激发大师，剧情才发生反转。

如果你留意，你就会发现曾经有人说过的话影响过你的生命。

我母亲的一句话，影响了我一个行为。

我的声音很好听，从小到大，不断有人告诉我，我非常确认。所以我可以传授"好声音+会说话"的课程。只是我也有遗憾，因为我从不敢开喉咙唱歌。

小学五年级时，参加全校的"六·一"会演，我当时是独唱。当时发生了什么，我现在也解释不清。现场是我唱完一首歌，那歌声就是四个字"天籁之声"，观众席里掌声雷动。站在舞台上的我举起手敬了一个队礼，对着话筒说："下一首歌是……"于是我又唱了一首！

要命的是，我只有一首歌！但观众都不知道。我下来时老师同学都对我说："你唱得真好听啊！"

可以想象我得意的样子。批评我的是母亲，她是我们小学的语文老师。她只当面说了一次："你只有一首歌可以表演。"我实在不明白小小的我为什么会唱"下一首歌"？！

后来我看到的场景都是这样的：不断有老师说："你女儿唱歌真好听啊！"母亲就扭过头用手捂住嘴小声说："她其实只有一首歌。"

不记得她当面指正我的过失，只记得她不断小声对他人说："她自作主张多唱了一首歌。"

从小学五年级起，我就不再唱歌了。

语言，在不经意的工作与生活中影响我们的意识与行为。如果意识到语言的魔力，我们更愿意好好说话，或许我们说出来的话可以鼓舞自己与他人，这是一份无价的礼物。

如果我们说出来的话，就可以带给他人正能量，那真的是一件特别有意思又有意义的事。

"老师的一句话，影响了我下半生。"

经常有学员跟我说："老师，您的一句话影响了我。"

我也很好奇，我说了很多，他们记住的是什么？

"您说成功的路上并不拥挤，所以我选择创业，做自己的珠宝品牌。"

"您说女人的幸（性）福不仅在两腿之间，更在两耳之间！我晓得了原来他也需要甜言蜜语。"

"您说不完美的行动胜过完美的等待，所以我从三四线小城走出来了！"

"您说要让自己流出的每一滴眼泪都变成珍珠，让自己受过的伤都变成勋章。"

是的，这些话也曾鼓舞过我。当初也有人对我说这些美好的话，才支持我走到今天，成长为自己想成为的人。

留意你说出的话，一句话就可能影响一个生命。

学会好好说话,是性价比最高的投资

沟通交流的最高的境界即是:

一语中的和一语中心。

的,即目标。

心,即内心。

快节奏的生活让大家感觉太忙、太累,有人懒得说话,有人一开口就有情绪,说话怼人越来越频繁出现。

因不会说话而得罪人,最不划算。俗话说"多个朋友多条路",那不会说话,则会不经意间得罪朋友。关键是损人不利己。

知识焦虑的时代,很多人都发现自己有太多的知识盲点,想学很多东西。什么热,就学什么。我以为,要学就学最根本的。

在一个剧变的环境下,挑战和诱惑非常多,越是这样一个动荡的时候,越要坚定。不做投机者,保有长期主义的价值观,才有真正的机会。

学什么都应回到常识,打好基础。先学会好好说话,才好做人做事。

有人会笑容满面地看着你说:"我能为您做些什么?谢谢

你……"

也有人会耷拉着脸、头也不抬地说:"我不会、不可能、随便……"

别让负面的话语脱口而出,你不爽别人也不爽,**没人愿听你的抱怨与攻击**,那是一种很不道德的行为。别把脸色甩给别人看,那是一种让人讨厌的表情,没有人愿看你的脸色。

给人一句好听的话,给人一个好脸色,轻松赢得好人缘。让人坐卧安宁,到哪儿都让人觉得舒服。

游客问迪斯尼的工作人员:请问游乐场几点关门?

答:我们为您服务到晚8点。

回答了问题,同时让您感觉舒服。

曾参加一项体验活动,教练向最后一位男士发出明确的邀请:

"先生,您可以站到前面来吗?当我们开始体验后,大家将跟随在你身后。"

"无所谓。"他答。然后,懒洋洋、慢慢地站到第一位。

一句话、一个小动作就暴露了你的思维模式与处事风格。

父亲:你看你的考试成绩?地理60分,政治20分。

儿子:地理卷上这些地方我也没去过呀,政治考的会议我也没参加。这学校出的什么题?

父亲:换学校!

我们每天说出来的话,都在产生影响力。

人是靠感觉的动物,感觉对了,什么都对,感觉不对,处处是误会。

工作中领导交代一项任务,如果你说"我不会",对方怎么想。你换种表达"我可以试试"。其实还是不会,但态度变了,彼此的感觉就变了。

小小的细节,失之毫厘,谬以千里。

在生活的竞技场,每句话背后都透露很多信息。

人人都需要沟通交流,需要开口说话,怎么说?是个学问。

天南海北,时政娱乐,泛泛而谈,花了大把时间却与目标无关。

直奔主题,没有铺垫,对方感觉太唐突,连说话的兴趣都没有。

少言寡语,自动放弃话语权,白白浪费了好时机。

随意打断别人的谈话,让对方感觉如鲠在喉,他会愉快地反馈你吗?

高声喧哗,让朋友、家人及周围的人都会感到尴尬。你自以为是的快人快语,实则是无礼的表现。

……

而如果会说话,就会多一分理解与支持,可能会多个朋友,多个信息，多个机会，多种可能性。

有人说心理师与教练最好赚钱，因为只需要听人家说话，自己少说两句就可以了。

其实心理师与教练需要大量的学习与实践。他们的倾听是有层次的，他们的每一个问句几乎都能引发人对自我的思考与发现。

如果世上只学一门课，我建议学习如何好好说话。这种学习不是消费，而是投资。一是对自己好，二是对家庭好，三是对事业有利，四是促进社会和谐。

我们每天说出的话，带来对自己的正向或负向的自我暗示。会说话，张张嘴，即赢得人心。**未来不是有权人的世界，也不是有钱人的世界，而是有心人的世界。**有心人，会说话。

好好说话有套路，是要学习的。学会了就是你的，且受用一生。

一语中的，快速达成彼此合作的意愿，提高效率。

一语中心，得人心者得天下。最值钱的就是人心所向。

把话说好，最划算。

我在说话，话在说我

签名：　　　　　　　　　阅读时间：

1. 从记事起到现在，谁说过什么话，这句话对你产生了怎样的影响？

2. 你身边可有语言影响生活的生动案例以及对你有怎样的影响。

3. 你如何看待语言这个"小变量"，请写下关键词。

扫码收听鹿老师的有声课程，配合本书学习，收获翻倍！

好好说『不』拒绝也能增进情感

CHAPTER 02

有人一开口,就能讨个好口彩。其实,成为受欢迎的人,并非一味迎合。

懂得说"不"的人更明晰疆界,反而赢得尊重与信任。

如何温柔而坚定地说"不"?有方法,掌握它的人都感叹其奇妙。

这个技巧只有少数人知道。

高效沟通，从好好说"不"开始

在与他人沟通的过程中，面对你自己提出的建议，你最希望听到对方说什么？一定是说YES，好的，要得……最不喜欢听到的是什么？NO，不行，不要，别……只要听到"不"心里就竖起了一道墙。

"我的同事值班时总是打呼噜，因为他的呼噜我已经失眠两年了，可我一直没跟他说，怕说了不好。"

"我的同学异地恋，每晚都视频，那个光线真的很影响我。可我怕说了以后，会被认为不近人情。"

于是我们宁肯忍受失眠，也不愿开口去说。因为你不说，对方完全不知情。如果你清晰而坚定地表达，不一定失去朋友，相反有了彼此进一步了解的机会，或许对方会向你道歉并想办法改善自己的行为方式。如果对方根本不在意你，那你又何必做"好人"呢？反正不在意他人感受的人也不是什么好人。

现实生活中我们需要有明确的立场，如何温柔且坚定地说"不"？是必修的功课。

关于这个神奇的"不"，或许你并不了解它。

在生活中，每个人想说"不"的时候，是在表达拒绝的态度。明明是真实的表达，却让人觉得你拒人千里之外，搞不好就可能失去朋友，甚至有可能把朋友推到对立面。有没有一套切实可行的方法，柔和且坚定地说"不"，一点儿不让对方难堪，反而可以增进理解甚至认同？

这不是不可能！

"不"能明晰疆界，维护自由，说"不"也是爱。**敢于说"不"的人，是真实的、勇敢的。**

好好说"不"，是语言的艺术。

如果你对别人说"不"时感觉难受，那是你不会说话。

如果别人对你说"不"让你心生反感，那是他不懂如何有效表达。

当一个人懂得说"不"，往往是自我觉知的开始。学会温婉有力地拒绝，是一个人成熟的标志。

很多人在生活中说句"不"太难了！

怕误会、怕伤害、怕失去……唯独不怕委屈自己的心。

好好爱自己，才不会匮乏，才有能力给予。

当你不知该说"不"时，委曲求全会成为你的行为模式。

其实，好好说"不"没有那么难。它不仅不会产生误会，反而能有效增进沟通；它不仅不会伤害感情，反而能传递真爱；它不仅不会失去机会，反而会因此赢得尊重。

说"不"是成长的必修课，好好说"不"，有方法！

通过学习好好说"不"，你将成为一个既懂得边界感又能让人愉悦的谈话高手。

你会运用催眠语言表达拒绝,并因此增进情感。

你说话能说到点子上。

你能勇敢说"不"表示拒绝,也能用"不"表达更深的爱意。

你会因为会说话,而让同事、朋友和家人都觉得跟你在一起是轻松愉快的。

如果你看重语言对生活的影响。

如果你在职场或家庭中体会过不擅表达之痛。

如果你想清晰表达自己的想法,不愿委曲求全做老好人。

如果你想做一个真实、勇敢的自己,同时又想拥有好人缘。

那么,你就要敢于说"不"。懂得说"不"的人懂得疆界,这是人际交往的前提。很多学员运用这个方法,生活发生了神奇的改变。

高效沟通,从好好说"不"开始。

神奇的"不",你的潜意识听不到

听到别人对你说"不",被拒绝的感受一定不爽。

轮到该自己想表达"不"了,又觉得难以启齿。

好好说"不",有技巧。

生活中一定有"YES"与"NO"。就像一个人一样,有正面,也有背面。正因为有背面、有阴影,人才是立体的、真实的。所以我们要学习如何除了说"是"之外,好好说"不"。

生活中总有你想说"不"或别人对你说"不"的时候,显然你的感觉没有听"YES"那么舒服。如果是你要说"不",那么你会担心得罪人、失去朋友、被人误解……可不说你又难受、委屈了自己。如果是别人对你说"不",你可能会心生抗拒,会怀疑,甚至否定一段情感,搞不好朋友都没得做。

"不",是最神奇的催眠语言。

先来做个体验:

我们每天都会喝柠檬水,我的家乡也盛产柠檬,我最喜欢柠檬制成的精油,凡是果类的精油气味都会给人带来幸福感。

好的,我说了那么多的柠檬,现在有个邀请,请你**不要**想柠檬的形状、**不要**想它的颜色、**不要**想味道和用途。更**不要**想有一把水果刀正切开柠檬,柠檬汁正顺着水果刀流出来……请你千万**不要**想柠檬啊!

请问,你在想什么?

柠檬!

明明我说的是"不要去想柠檬",为什么你偏偏满脑子都是它,且嘴里都感觉流口水了?

因为你的潜意识听不到"不"!

认知心理学认为我们的大脑只接受有画面感的图像,所以我们潜意识接收到"柠檬"!

我们经常听有人嘴上挂着"减肥"二字,但真正成功的却不多。为什么,因为"肥"字更有画面感!所以我建议你把这件事用"瘦身"来表述,因为"瘦"在大脑中有画面感。

曾经有一位有两个孩子的母亲找我咨询,她的烦恼是哥哥总打妹妹。

我问她怎么办的。

这位母亲说:"我就不断地告诉他:不要打妹妹!不要打妹妹!"

现在你明白了,他的潜意识根本听不到"不",他听到就是"打妹妹"!

后来这位母亲就是把对小儿子说"不要打妹妹!"变成"你要

帮妈妈爱妹妹哦！"哇，一切都变了。

这就是语言的魔力。

央视有一档脱口秀节目《是真的吗》，它针对网友的问题，现场做实验来验证真假。这档节目的宣传词是我见过最独特的："绝不小心求证，只管大胆胡说。"相信这个节目制作团队里一定有一位心理师。但凡看了这个节目的观众都会认为这是一档非常严谨认真的节目，可人家偏偏正话反说，加深观众的好感，不露痕迹地提高了收视率。

无独有偶，有一家商业银行的广告词是："不让你破费。"他们是想表达省去了客户的一些手续费。可是从这句广告词却让人的注意力无意识地聚焦在"破费"两字上。结果可想而知。

在日常生活中这样的案例也不胜枚举。有一次我接到老爸电话："你在哪儿呢？"答："我在春熙路。"老爸说："你挣钱不容易，千万别给我买东西。"而我的行动一定是买买买。

故宫博物院的院长是这样推销故宫文创产品的："您千万别买我们故宫的行李牌，因为太好看了，总会弄丢。"

一位青少年演讲大赛的主持人说："接下来这位小选手是我的学生，您刚才看到的是他的书法作品，曾获得全国大赛一等奖。好的，现在请各位评委不要去想他的书法作品了，请为他的演讲打分！"

你看，"不"字多么神奇。

"钱都不是事。"偏偏说这种话的人，钱都是事儿！

说"别紧张""别害怕"，偏偏让你更紧张更害怕。

说"别想家",你听后更想家想亲人。

"不"字很神奇,关键看我们在生活中如何用好它。

李先生晚上要去参加同学会,妻子并不想让他去。但妻子并没说"你别去",这样一来,先生一定反感。这位妻子是这样说的:"要参加同学会啊,去吧,同学们好不容易聚一下。好好去玩吧,千万不要想我们娘俩在家等你。尽管最近小区并不安全。"

你能想象结果吧,李先生一定会特别惦记妻女,或者不去了,或者去了会很快回家。这比妻子直接说"你能不去吗"效果好多了。

从心理学角度讲,**当我们聚焦于自己不要的东西时,其实是没有放下,你会吸引更多的同类项进入你的生命。**

比如有位女士发愿:我不要"凤凰男"、不要"渣男"。

你会发现她总会遇到这类型的人。

如果换一种说法:我希望遇到一位有爱心、有力量、有格局且能共同成长的男朋友。全部聚焦于正向了!她的生活就会与众不同。

我的一位女性朋友恋爱了,她每次与男友告别时总是说:"千万不要想我。"

"不"是有魔力的。

现在你知道说"不"有多重要了吗?

有话好好说,说"不"也暖心

如何坦然表达拒绝,却能增进情感?

在生活中我们都有这样的体验:一个人在前面对你说了很多肯定的话语,让你隐约感觉他要说**"但是"**,一旦**"但是"**出口,就感觉他前面说的都是废话,让人心生厌恶。

但是就是被否定。就是对你说不。

你管不了别人,但你可以管理自己。**学会把拒绝说得合情入理,让人心悦诚服地接受。**

一、用"同时"和"虽然"替换"但是"

"但是"这个词不断地抵消其体验的积极面,我们要有意识的替换掉**"但是"**,变成**"同时"**或**"虽然"**。试试看,会有什么不一样的感受。

今天天气晴朗,**但是**明天会下雨。

今天天气晴朗,**同时**明天会下雨。

今天天气晴朗,**虽然**明天会下雨。

各位有感觉吗?

第一句用**"但是"**，感觉是个大转折，正向瞬间变负向。
第二句用**"同时"**，感觉平和，没有前一句转折那么难受。
第三句用了**"虽然"**，感觉无论如何都聚焦正向。
正向思维与负向思维，说话时几个关键词就够了。

我们再来听一句催眠语言的巧妙互换：
我今天很快乐，**但是**我想这不会持续下去。
我今天很快乐，**同时**我想这不会持续下去。
我今天很快乐，**虽然**我想这不会持续下去。

从消极到积极的整个状态即透过"但是""同时""虽然"这三个词表现出来。
我想做出成果，**但是**我有一个问题。
我想做出成果，**同时**我有一个问题。
我想做出成果，**虽然**我有一个问题。

识别"但是"来贬损积极体验的陈述：我找到了问题的解决办法，但是问题以后可能还会出现。

用"虽然"来替代，转移你焦点的注意力。我找到了问题的解决办法，虽然问题以后可能还会出现。

二、用3D版的立体表达

想表达"不"时，换一种方式。从视觉、听觉、感觉立体的认同做铺垫,然后表明态度:"如果能……或许就更好了。"

它的句式就是:

我看到……

我听到……

我感觉到……

如果……或许就更好了。

曾经我与好友在沟通上出现了状况。我一直以为是对方的问题,找到教练时情不自禁地说了很多攻击对方的话,以证明我是正确的。

当时教练看着我平和地说:"雯立,我看到你特别想找到解决问题的办法;听到你急迫、渴望成长;我感觉你很在乎这位朋友。"

你看,我一直被肯定。

接下来他说:"如果你肯耐心听她怎么说,怎么想这件事,或许你对这件事会有不同的看法,也许有意想不到的解决方法。"

你被批评了,但听得很舒服。

因为你被看见、听见、感受到,被理解、认同,这样更容易接收后面的建议。

三、没有压力地说"不"

1. 避免回答封闭性的提问。如只有"是"或"不是"两个答案,就会让自己陷入被动。不知你是否注意到,新闻发言人答记者问时,从不回答封闭性提问。

如果遇到这样的问题，你可以采取两种方法：

① 迂回，避免直接对撞。

② 做好语言的铺垫，给对方一个"垫子"，情感有过渡，更易于接受。

我的导师吴兆华博士是一位学习能力非常强的人，当年她介绍给我一个国外著名心理学家的课程，我一看学费1.5万。当时的想法是：学费太贵！这些钱我都可拿来全家出国游了，可以买多少家电啊。我的决定是：不去，太贵了。

我是这样跟导师说的：老师，谢谢您告诉我这个信息。它让我喜忧参半，喜的是您想到我了，忧的是价格，感觉是天价。

我表现得很真实，也表达了感谢和不去的理由。

2. 避免当场指出别人的错误或局限。

我的导师当然是想我去的。我委婉拒绝了她的邀请。她的回应是极为到位的。

第一句：没关系，随缘。

这句就有了缓冲。相当于铺了一个"垫子"，让彼此感觉自然。

第二句：小鹿，你要不走出去，失去了什么都不知道。

这句话并没有说国际顶尖心理学家是多么牛，这个课程物超所值。绝口没提学费的事，也没直接指出我所学有限，更没讲"山外有山、人外有人"的大道理。

第三句：因为你不知道。

这句话是戳中了我，因为我一直想有突破。同时老师依然把决定权交给我。

    我们本来彼此都要向对方说"不"的，但老师说服了我，让我愉快地接受了她的建议。她一方面是在语言上没有让我感到压力，另一方面是洞察我的心理需求。

好好说"不" 拒绝也能增进情感

NO与YES都是爱的表达

我们知道,上至国家元首,下至黎民百姓,人人都喜欢甜言蜜语、爱听"好听的",因为**渴望赞美和鼓励是人的天性**。

是的。这里我们强调一下,学习赞美与鼓励是我们的必修课,我们说话做事都要符合人性,这样才能顺势而为出成效。如何好好说"不",是人际沟通中的一个**难点、卡点**。如果我们在这个过程中带有觉知,既能与对方共情,又保持自己的原则与立场,你就会有新的**突破**。

当你有勇气说"不"时,说明你**成长**了。

当你能温和且坚定地说"不"时,说明你**成熟**了。

会说话,事半功倍。不会说话,好事都能搞砸。

好好说"不",不仅不会得罪人,反而会赢得对方的尊重。具体怎么说,正是我们课程探讨的内容。

一、倾听在前 说"不"在后

每个人都渴望被看见、被听见,与人沟通的前提是倾听。被人忽略,是最让人心生懊恼的。

没有倾听作为沟通的基础，无论你回应说"YES"还是"NO"，效果都会打折。倾听，不仅要听到对方说的内容，还要听到对方的情绪与需求，否则对方会觉得你根本没有懂他。

这在亲子交往或上下级沟通中经常会遇到。孩子说了上句，母亲就自以为明白孩子要表达的内容。其实往往和你想的不一样。这世上太多的误会在你以为自己知道。事实上，那仅仅是"你以为"。

有一次，我的讲座刚结束，一位听众就激动地冲上来说："我终于知道儿子想说的是什么了！"我问："您儿子都说了什么？""儿子说他想当贝多芬！当时高三了，我以为他想学音乐。其实他是觉得我整天碎碎念、唠叨得他宁肯像贝多芬一样聋了！"当他明白这句话背后的意思时，孩子已远在外地上大学了。

您看，倾听有多么重要。

用心倾听才是沟通的前提。如果你与对方进一步共情，不妨复述一下他（她）的话。然后问：是这样的吗？或者回应一下：后来呢？还有呢？然后呢？让对方感受到你在认真倾听，加强其受重视的感受。

当对方感觉被充分倾听时，即使拒绝也会变成让人理解。对方更加知道你有原则、有情感，不仅没有破坏关系，反而会赢得尊重。

二、说"不"的另类方式

1. 讲故事胜过讲道理。

如果你有细致的观察力，且依经验能感知对方带来的请求或任务是你难以做到或根本不愿做的。你可以用一个故事来表达，效果会非常好。

讲道理不如讲故事。用故事去感染对方。

我朋友曾经帮助一位来自三四线城市患有绝症的残疾画家在北京举办画展。在这一过程中，也有些负面的声音。有人会说："中国这样的人有的是！"我朋友说："是的。身残志坚的人哪儿都有，世上消极的人也更多。他不需要任何人同情，相反他能够给别人带来正能量！"

朋友这句话及态度引起了对方的好奇。接着朋友讲了这位特殊的画家与母亲共同和命运抗争的故事。对方听后不但没再拒绝，还主动提供赞助，表示受到了教育和震撼。

先肯定对方说的是对的，然后给他讲个故事，事情结果就可能逆转。

2. 先认同对方，再表达自我。

就像前面讲的这个故事一样，任何时候都要先认同对方。先说："是的，你是对的。"然后再讲自己的观点。

这在教练技术中的术语叫**"先跟后带"**。

这样的例子，在生活中比比皆是。哪怕你再不认同对方的观点、情绪，都要做到：**一、耐心听；二、肯定对方；三、引导对方，清晰表达自己的观点**。甚至把问题还给对方，请他（她）与你一起思考合理的态度或更有效的解决办法。

3. 遇到特例，怎么办？

其实对陌生人说"不"很简单，因为没有情感交集。难的是对熟悉的亲朋好友，甚至有相关利益的人说"不"。不排除你会遇到一根筋的人，听不懂你委婉的表达，或对方根本不懂好好倾听，坚守自己的立场思考问题，甚至死缠滥打，不达目的不罢休。这时你不妨直接表达：

（1）"谢谢"或"暂时不需要"。

（2）"不好意思，我自己也没有"或"对不起，我做不到"。

别逞强，认怂也是一种智慧。也别患得患失，不明确态度，以后麻烦更大、烦恼更多。

（3）沉默也是一种表达。

有时，不回答，就是回答。给对方点时间，让他（她）懂得。这个道理，想想都会明白。不说出任何拒绝的话，你也表明了态度。

请记得：**即使拒绝或被拒绝，都别忘记说声"谢谢"**。

我们说"不"，要带着坚定的口吻，带着满满的爱。爱自己、爱他人、爱世界。

"NO"与"YES"都是爱的表达

其实，说"不"没有那么难。

如何对亲近的人说"不"

不懂说"不",别人不一定会认同你的付出,反而会觉得你好说话,无原则。下次类似的事重复上演,让你苦不堪言。

我们对陌生人说"不"很容易,因为没交情。

我们对亲朋好友对"不"就难以启齿,因为好面子,怕伤感情。尤其是亲人,对方对你有更强的期待,有时甚至是爱的绑架。你也担心一旦拒绝会伤了对方的心,但不拒绝又让自己先受了内伤。

好好说"不",可以不伤感情,反而增进感情。

前提是心态上先关照好自己。

如果你自己都照顾不好,你真没能力帮助别人。比如借钱。可能钱借出去了,对方如愿了,你开始难受了。等要还钱的时候,你去催时,里外不是人。所以一开始就要把事做对,该说"不"时,一定要温柔而坚定地说"不",不管对方说什么,都不松口。态度要好,但原则不能变。反正,真正爱你的人,是不忍心难为你的。而非要难为你的,也不是什么善茬,不必在意。

如何拒绝,有方法。既不会影响亲朋好友间的感情,又体现出你的坦诚与善意。

一、婉言相拒，合情合理。

人家有求于你，当即回绝，当然难看。我们可以认真听完对方的请求，说一些共情的话，然后讲明自己的实际情况，给予清晰的无法接受的理由。让对方相信你的婉拒实在是出于无奈。

比如，对方向你借钱。你表示非常理解，同时告知对方，你在还房贷、车贷，而且老人年纪大了经常去医院，孩子上补习班花费可观……算下来你可能比他还需要用钱，实在爱莫能助，对方自然表示理解。

这样的交流，不但不会搞僵关系，反而会换来互相体谅。

认真倾听——真心反馈——说明理由——明确结果。

同时你也要运用缓兵之计，暂时不做答复，或用一种模糊笼统的方式让对方感受你爱莫能助。

我也曾向他人寻求帮助，遇到有人回复"到时再说"其实就是婉拒。

作为当事人，真实的感觉是：还不如一二三把话说清楚干净利落。

从发出请求到对方同意或拒绝，本身就是沟通交流的过程，有诚意比打哈哈、含糊其词更能拉近彼此的距离。**真实、真诚比什么都重要。** 当你内心是坦荡的，说话就有力量，就不会被别人影响。

二、清晰表达，一次到位。

当我们遇到对方不合理要求时，会感到委屈或被激怒。如果不明确表达，可能不合理的状况会一直持续下去形成积怨，如果立即释放，又可能激化矛盾或造成误会。一定要清晰表达自己的态度。

美玉是一位外企女高管，作为家中的老大，她一直很照顾自己的娘家。因为父亲去世早，多年来她总是帮着母亲为弟弟妹妹排忧解难。母亲认为她最能干、又是大姐，就该照顾弟弟妹妹。结果她不仅要照顾弟弟妹妹，还要关照侄儿侄女的工作安排。她内心有一些委屈，希望母亲也能看到她的不容易，她也有自己的家庭需要照顾。

但母亲只认一句话：你是大姐。多年前让她借钱给妹妹在老家买房，她借了20万给妹妹。

几年后房价上涨，皆大欢喜。不想母亲又来电：你外甥小强要结婚，得有婚房啊。他们刚看上了省城的一套房子，现在还需要15万。你做姨妈的，就再帮一下呗。

想到外甥的工作是自己安排的，现在买房子还要借钱。美玉觉得尽管深爱母亲与妹妹，这一次如果不回绝，还可能有下一次，没完没了！

她平静而坚定地对母亲说："妈妈，当我听到给外甥买房还要向我借钱时，我心里很难过。您知道在外企工作要承受怎样的高竞争、高压力吗？您知道我也有自己的家庭需要时间需要钱吗？我感觉您更在乎妹妹一家的生活，妈妈，您能体谅一下大女儿吗？您好像并没看到我这些年对家庭的付出。妈妈，我很爱您。同时我也很爱我的家庭。妈妈，请您以后不要再提这样的要求了。"

美玉首先**描述**了对方的行为:再次借钱买房(上次的还没归还)。

其次表达了自己的**感受**:很难过,感觉妈妈更爱妹妹。

然后明确提出**请求**,希望对方怎么做:以后不要再提这样的要求了。

结果是母亲和妹妹反倒好言相劝,感谢她多年为家庭的付出,并表示外甥的购房款自己想办法。

我有我的生活,你有你的生活。亲人之间互相帮助是应该的,清晰的边界也是必需的。

学会拒绝,是自我成长,同时也在助人成长与成熟。

轻松练一练

签名: 阅读时间:

1. 以前你在如何说"不",你有什么经验与教训?

2. 这一章让你知道自己的潜意识意识不到"不",想想曾经有哪些与之相关的趣事?

3. 了解了如何说"不"的小窍门,接下来你在说话上要做的第一个改变是什么?

会说话，把话说到对方心坎里

CHAPTER 03

会说话的人，情商都差不了。

别再说"忠言逆耳"了，如果对方内心抗拒，正确的话有何用？

喜欢肯定、害怕批评，是人性。怎么做好语言的"垫子"？如何不露痕迹赞美他人？本章有一个屡试不爽的黄金话术模板。

一旦学会它，或许十年后还有人记得你说的话。

把话说到对方心坎里

沟通的最高境界就是把话说到对方心坎里。

方法即以他喜欢的方式待他。

如何说到心坎上?要了解他爱听什么。**爱听好话是人的本性。**

同时不妨逆向思维:他最不爱听什么?

过春节时,听到女儿的同学说:"希望身边多一些体贴的大人,不要问我们的成绩。我们也没问你们的收入、是否结婚、生二胎了吗?"

此话有理!

有家长因孩子考上清华大学,即在同学群里秀孩子的大学录取通知书,还说:"名牌大学的通知书就是不一样!"结果被踢出了群。她百思不得其解。其实道理很简单,她的炫耀恰恰戳中了他人的软肋。

如果你是她,你会怎么做呢?或许你以为的理所当然,正是其他人所无法接纳的。原则是:站在对方的角度想想。不要总是我、我、我,人们不喜欢以自我为中心的人。关注他人,是高情商的表现。

想想对方不爱听什么？

有位姐姐炒股，本来快赚到一幢别墅的钱了，结果股市无情，血本无归，她明确表示：别跟我提股票，谁提我跟他急。

曾经我错过购房黄金期，当时的感觉也是：一提房子就窝火。

你的孩子成绩好，就业好，就不要在为带孩子而抓狂的家长面前炫娃了。这是拉仇恨呢！

请注意：千万别哪壶不开提哪壶！别人可能不认为你是不会说话，而是直接怀疑你的人品。不能把自己的快乐建立在别人痛苦之上。

敏锐的观察识别力，是人际沟通的必修课。 你需要观察对话的模式：

"什么情况？"

"听我的！"

"我觉得……"

"哎，好的。"

"然后……"

"有个问题……"

"你听明白了吗？"

……

通过这些口头禅，你大概能猜出这个人的角色与性格了。所以我们讲话要投其所好。

你的父母、伴侣、孩子最爱听什么，你能立即说出来吗？

我的回答是：

父母最爱听到的话是：爸妈，周末我带孩子回家看您。

先生最爱听的话是：咱孩子成绩又进步了，咱家又有入账了！

孩子最爱听的话是：你以为自己是学霸就了不起。（心中傲娇）

妻子最爱听先生说的话是：老婆，你想吃什么？

我最爱听女儿说：妈妈，我给你讲个笑话。

……

采访中，一位儒雅的男士说媳妇最爱听的话是：老婆，别忙了，我来！

一位妻子说最爱听先生说的话是：孩儿他妈，辛苦了。

一位快递员说他最爱听的话是：给您好评。

一位滴滴司机说他最爱听的话是：谢谢您，给您打五星。

把话说到心坎上，其实并不难。前提是你要知道对方喜欢什么、不喜欢什么。

如果不清楚，那你就需要做功课了！

用点心，花点时间。结果会事半功倍。

轻松小练习

写下你在家庭、职场最重要的5个人的名字，分别写出他最喜欢听什么与最不喜欢听什么。

你的人生
是你"说"出来的

重要人物的姓名	他最爱什么	他不喜欢什么
1		
2		
3		
4		
5		

你在人们眼中最大的优点是什么

"亲爱的,你知道自己最大的优点是什么吗?"

"能说加上会写啊!"我从事了15年的新闻宣传工作。

"其实你最大的优点是倾听,你倾听时最美。同时你还是我遇到的最会鼓舞他人的人。"

"哇,真的吗?我有你说的这么好?"

这是多年前我与另一位幸福教练的发起人魏相相老师的交流。

她说的,是我不自知的。**总有人在悄悄观察你。**

后来我开始留意到大部分人并不清楚自己最大的优点。其实人这一生重要的就是认识自己。

当我在做"好声音+会说话"课程时,我尝试让每位学员在课程中了解别人眼中的自己。

"亲爱的,请你告诉我,在你眼中我最大的优点是什么?这对我很重要。谢谢你!"

这句话可以发朋友圈,也可以点对点地问十位你最信任的朋友。大家给你的反馈中重叠最多的一部分,就可能是你最大的优点。

"你最大的优点是感恩,仅凭这一点,你就可以行走天下。"我的恩师说。

"勤奋,如果只说一个优点的话。"丹麦的闺密说。

"超级正能量、自带光环。"我的老朋友说。

亲和力、温暖、知性、优雅……

所有这些正向的词汇,都是给你赋能的。

因为我们无法自己看见自己,所以我们需要别人的眼睛。

很多朋友都试着用这个方法去了解自己。他们会发朋友圈说这是完成鹿老师的作业,其实自己内在非常好奇别人眼中的自己是什么样子。

很多学员反馈:

好惊喜,原来我在别人眼中是这样温暖的医生,我只是做了自己该做的事而已。

大家都觉得我是能给别人带来快乐的人。我说的话很有趣,可我不觉得呀。

我真的有别人说得那么好吗?我觉得自己很普通。

我们每个人都是独一无二的,当有人确认你的某个优点时,实际是给你的内在好品质又按了一遍确认键。你是知道自己具备这些优秀品质的,只是别人说出来,让你更坚定自己就是这样。

因为你自己有过这样的体验,所以更懂得如何在交流中让别人身心愉悦。美好的话语发自肺腑,方能产生同频共振。

邀请周围的人告诉你:**你最大的优点是什么,去确认去强化。**

带着这种与生俱来的美好能量去成就自我,同时经由你说出的话也能影响他人。你就是影响力。

教你一招：不露痕迹地赞美他人

人人都喜欢甜言蜜语。

美言带来好感觉，拉近彼此的距离。如何夸人？

有人答：女的就夸美，男的就夸帅，孩子就夸乖。

这种赞美，对方几乎没感觉。

给你的建议是**夸人要夸得具体，太笼统了等于什么都没说。**

教你一句关键的话术，它可以不露迹地夸人：**你的一句话可以唤起对方美好的感觉，让他对你的好感呈指数倍增。**

这个方法是我10年前在一次课堂上学到的，我一直在使用与传播，并且效果非常好。后来我在课堂上经常教授学生，每当我离开后，我都会收到反馈：鹿老师你教的这句话太管用了，我们屡试不爽。你走后我们天天见面都在使用你教的方法。

慢慢地，我开始注意收集使用它的成功案例，每一个对我反馈的人都很快乐。

请从以下的真实的故事中，找到一个共同的黄金话术。它已被证明：带给无数人好感觉，好人缘。

故事一：妈妈的话让孩子瞬间小脸放光

有一位妈妈上了我的"好声音+会说话"课程，第二天兴奋地告诉我："老师，你教的方法太好了。我要早听到就好了！"她把这句黄金话术用在了快上小学的女儿身上。

女儿平时写的阿拉伯数字8，总是躺着的。有一次她发现女儿把这个"8"写正确了，就对女儿说："宝贝儿，你怎么让这个'8'立起来的？！"这位妈妈告诉我："我的女儿没有回答我，但她的整个小脸都在放光。"

相由心生，得到妈妈鼓励的孩子多么幸福。一句话，母女都受益。

故事二：家庭中一句话温暖一颗心

我的一位学员是位优秀的女警，她发来了很长的微信分享自己学习并应用的效果。

她的妹妹和妹夫是大学同学，大学毕业以后两个相爱的人很快结婚，生孩子。当时孩子体弱多病，丈母娘身体也不好，两个人又都在事业起步期。在这个关键时刻，妹夫做出一个重大决定：妻子的机会比自己多，大力支持妻子的事业。两个人总有一个要为家庭付出更多，他来照顾孩子和老人。由于妻子勤奋好学，热情开朗，积极进取，很快得到领导的赏识，一年一个台阶。当然，每上一个台阶都会遇到更优秀的人，看到更精彩的风景。几年过去了，他们有了差距。妹妹开始觉得妹夫不思进取。唯一的好处就是给人带来安全感。

慢慢地，也会听到周围的人说，妹夫太普通了，配不上妹妹。这种话听多了，妹妹也觉得如此。

姐姐把这一切看在眼里，她在年夜饭上当着全家的面给妹夫敬酒："弟弟，当年你和妹妹一样优秀，但你却为了家庭放弃了自己的事业发展，这对于男人来说是多么难的选择啊。你当初是怎么想的？这么多年你是怎么做到的？"

全家人都安静了。因为大家对妹夫的付出都习以为常，姐姐的话提醒了大家，妹夫感觉自己被看见了。

妹夫看着姐姐只说了一句："姐，从来没有人夸过我。"

姐姐给我发来的微信最后一句是：少言寡语的妹夫频频举杯。

故事三：相亲中一句话赢得一颗心

一个姑娘去相亲，早上10点钟出门，晚上10点钟才回来。家人很好奇：你们俩怎么有这么多话要聊？这姑娘说，跟他在一起聊天很愉快。比如他对我说：

如果有一天我有机会见到叔叔阿姨（指女孩儿的爸妈），我一定要问问他们：他们是怎么把你带大的？这个社会如此复杂，你却是这么温柔与坚定。

你看这个小伙子没有夸姑娘外表漂亮，也没直说喜欢或爱，但他用一句话表达了他的欣赏，同时委婉地表达想见女方父母：如果有机会，能见到叔叔阿姨，还要问这样一句话。如果你是姑娘，是否愿意与这样的人交流呢？他说的话总能带给人愉快的感觉。

以上这三个真实的故事中，你发现一个共同的黄金话术吗？

答案揭晓：

你是怎么做到的？

为什么这句话会有这么神奇的效果？

为此，我与上海著名的心理咨询师夏天老师进行了专题交流。

雯立：夏天老师，我经常使用"你是怎么做到的"这句黄金话术，发生了很多神奇的故事。我也分享给自己的学员，他们的反馈更是特别令人鼓舞。我是从您这儿听到这句话的，您说这句话为什么这么有魔力？

夏天：雯立啊，真为你高兴，老天总是眷顾那些真正有热情、热爱且不放弃的人。我和你一样，很多学员多年之后碰到我，都会告诉我：当时你说的这一句话，让我跟我们家孩子的关系越来越好了。有些管理者说：我真没想到啊，这句话的魔力那么大。后来它引起我的一些反思：为什么这么简单的一句话，能在人和人之间产生那么大的作用？

雯立：咱们来演练一下，比如您来夸我。

夏天：

第一种方式：

雯立，好久不见了，我今天看到你好像看上去特别high，真棒！

第二种方式：

我好久没有遇见雯立了。然后我听到你的声音，你的能量状态真的令我非常惊讶，我发自内心地对你说：雯立，你真的让我觉得特别惊讶，短短的一个多月没见你，你整个状态变得那么好，告诉我，你究竟是怎么做到的？

雯立：第一种我只会说声谢谢。第二种我会积极反馈：夏天老师，你知道吗，我整理了幸福教练的课程体系，推出了"好声音+会说话""幸福人生从好好说话开始"等重要课程，非常受欢迎。这样的课程让我与学员之间相互滋养。参加"我是好讲师""我是演说家"全国总决赛，与全中国最棒的那一群讲师、演说者在一起交流。但是我最重要的不是这些外在的部分。我有很多内在的修行。对自己越来越自信，那个自信不需要外界来给我，而是我内心涌现出来的那份自信……

"你是怎么做到的？"你把自己的经历又说了一遍。在说的层面之上，内心活动发现什么呢？出现画面！然后情绪会出来，更重要的是心灵会回到某一些时空，在那条自尊自信的路上不停地走来走去。那么你想想，这是一句多么赋能的话，真正地在一个人的心灵的层面赋予能量。

如果在心里反反复复过六遍、七遍，等于它的作用远远超过第一种赞美的方式。你会不停地在那活动，再来一遍，再回顾一次。再去经历那个自信的过程，再去享受那样的成功。

这么简单的一句话，它引发的是听者内心的一个深度工作。

我就是这样专注研究能量语言及黄金话术的。一是不断使用，用出效果。二是探寻背后的原因，它为什么好用。三是传播、分享,让更多的人能开口就受益。

我在讲学的过程中,经常会在课程结束前提问:

各位知道成人的注意力最长能保持多久吗?

台下会有各种答案。

我公布结果,然后问:为什么我讲学的时候你们的专注力可以保持这么久?没有一个人看手机,每个人都很专注,你们是怎么做到的?

大家通常会笑着回答:是老师讲得太好了!

我接着说:各位收获了什么,我们一起回顾一下。

每次讲学都会在相互赋能中结束。因为这句简单的能量话术。

不露痕迹地赞美他人,引发对方开口说话的过程,实际上是其向你打开心门的过程。

一句话,或许可以叩开他的心门。

你不一定相信我说的,但你一定要去试试这句话。看看会发生些什么?

一句话成就一个人

一句话能成就一个人,也能毁了一个人。

生活是最好的修炼场。想想谁在关键时候说过哪些话,曾经影响了你,你因此被成全?

我的老师吴兆华教授的一句话改变了我的下半生。

7年前的春节,老师发来信息:上海有一个心理课程,你和我一起去学习吧。

当时我尚在国企供职,居住地是阳光花城,2月份去寒冷的上海学习,且学费上万,对我来说匪夷所思!

我决定不去。5位数的学费我做什么不好,可以全家旅行或更新家电,我为何要自费上课?疯了吧。

以下是我们的对话:

雯立:老师,谢谢您。看到您的信息让我喜忧参半,喜的是您想到我了,忧的是这学费就是天价。

(先感谢,然后真实表达。我身边确实没有一个花费上万元自费学习的案例。)

老师：小鹿，没关系，随缘。如果你不走出去，你将失去了什么你都不会知道。因为你不知道。

（第一句是铺垫，第二句是核心。第三句直抵我心。因为当时的现状是现实的生活一眼能望到头，内心特别渴望改变，而改变就需要行动。）

就是这句话，我决定去上海学习。具体学什么我并不清楚，相信老师已经为我筛选了课程。

我先生看了课程通知说："现在是冬天，5月份还有一期，那时你再去嘛。"

我说："就这期去，刻不容缓。"

我先生没说话。他当时坐在书房的地垫上，撑了一下地垫站起来走到电脑前。

我问："你干吗？"

他答："给你订机票，你不是说刻不容缓嘛。"

在我的家乡春节便可以穿单衣，先生陪我去买了人生第一件长款羽绒服。

就这样我飞往上海，就这样我开始疯狂地学习，从此一发不可收拾。那一年的元宵节与情人节是同一天，我与老师在上海度过。那一年5月4日青年节我递交了离职报告。

从此我开启了全新版本的人生。我真的成了自己人生剧本的编导演。它的缘起即老师的一句话：

你不走出去，你将失去了什么你都不会知道。因为你不知道。

在我创业的路上,历经坎坷。失败时,我得到一位女领导的支持,她说我需要一个好的平台。我当时处于自我否定、自我怀疑的阶段。我们当时有了这样的对话,她的一句话让我重新燃起斗志。

我说:"刘姐姐,不想瞒您,我创业失败了。"

她说:"就是因为这样才要支持你啊。"

"明知我创业失败,为什么还要帮我?"

"因为你助人,所以得人助!雯立,你帮助了多少人啊,那么多人听了你的课而发生改变。我帮你,是支持你去帮助更多的人。"

听到这回话,我的眼泪快掉下来了。说什么都是多余,只想快点行动起来。最好的感恩是不辜负。

"因为你助人,所以得人助!"这就是爱出者爱返,福往者福至。于是,我有更强的使命去传播幸福教练的技术与爱的能量。

很幸运,我也听到很多这样的反馈。这些温暖的话语也深深地鼓舞了我:

我记得特别清楚,三年前的一个夏天,那一天您作为嘉宾为新精英的活动助力,现场您的发言特别优雅自信,自带女神光环。

那天合照时我勇敢地站到了您身边,说:"我也好想成为您这样自信美丽的样子。"您轻轻握着我的手说:"你当然可以的。"您对我微笑,好暖。

现在这句话我都记在心里,一直鼓舞着我。

希望真的有一天,我也能受您影响,变得像您一般美好呢!

嘿嘿，有点絮叨了，亲爱的鹿老师晚安。

——伊伊

鹿老师您好，趁着过年的机会，特别想谢谢您这一年来对我的支持和帮助。

2018年1月12日第一次见到您，您很亲切地向我打招呼，从那一刻起我就被您深深地吸引啦，2018年跟着您写语言觉察日记，对我的生活和工作带来了巨大的改变。

跟着您加入读书会，一年读了65本书。

您和我的教练对话，让我对婚姻更加坚定和自信……

现在回想起来这些感激万分，每一步成长都有您的身影和支持，遇见您是上天给我的礼物，谢谢您，鹿老师！

——玉环

今天看到鹿老师对已经千锤百炼、讲过无数回的语言沟通课还在逐页逐句修改、调整，我被您的敬业精神与专业精神深深打动！

今天我们虽然没有太多时间沟通，但是现场聆听您的课已是满满收获，回家说话都变得轻声细语了。尽管您的课我已经听过5次了，还是依然那么走心动人！谢谢亲爱的鹿老师！您如冬日里的暖阳那么温暖与闪亮！谢谢您！

您知道吗？晚上我和孩子们聊天，我对他们说："我想做一个像鹿老师那样闪闪发光，温暖自己、照亮他人的人！"大宝贝龙儿说："妈妈，您已经是闪闪发光的人啊！"哈哈，龙儿真是太会鼓励妈妈了！我问："妈妈哪里闪闪发光啊？"龙儿又说："我觉得妈妈每个地方都闪闪发光！"

——李丹

良言一句三冬暖，恶语伤人六月寒。

你可想过如何通过说话成就他人？让心变软，语言才会温暖。

你需要学习话术，同时也要清楚地知道：万变不离其宗。**用心说话，才是根本。**

真诚本身就是道路。

你若不会鼓励自己，就没人鼓励你了

爱自己，是很多人一生的课题。

通常我们觉得自己不够好。

我常对不自信的女性说：亲爱的，你比自己想象的还要美好。若一个女人能对着镜子微笑，她就能对着全世界微笑。

我们很擅长挑自己的毛病，信手拈来。

一位画家根据当事人自我描述画出一张画像，随后根据其朋友描述再画一张画像，结果能看出是同一个人，但精神面貌与气质却有天壤之别！

因为我们大多数人的内心对自己并不满意，觉得自己不够好。接纳自己，是很多人一生的课题。包括我自己，我经常会自问：我真的有别人说的那么好吗？是不是别人高估了我？

这是人性的弱点。内在不是那么确信自己的美好，期待外界的肯定。

可这就是我们的功课。或许你不必太自谦，你要学会自己花钱买花戴，把自己扮靓。这样会吸引来更多的机会。

作为个体，一个人就是团队，你该如何自我建设？

要爱自己。爱自己不是给自己好吃好喝让自己别累着,而是关注自己的情绪。**最简单有效的方法是用好话滋养自己。**

你要尝试夸自己。因为如果你不鼓励自己,就不会有人来鼓励你。你要足够爱自己,才有能力吸引别人来支持你。

以下是我7年前写给自己的。开启自夸模式不是件容易的事,但我试着鼓励自己。

亲爱的雯立,你是最有爱心的、最有能量的、最有魅力的女性。具有超强表达力和影响力的雯立,你已做好最充分的准备,你就要上台演说了!

你是幸运女神,你是幸福教练。通过你,将会有更多的人学会在生活中体验幸福的滋味,感悟幸福的真谛,传播幸福的理念。你在传递真善美,在渗透正向的能量。这股力量会通过你的听众传向四方。

亲爱的雯立,你知道你在台上是多么有活力多么美好吗?你丰富的肢体语言,精彩的演说内容,都会长久地留在听众脑海里和他们的心里。

你是这座城市有史以来最有吸引力、最有感染力、最有影响力的讲师。你所讲的信息像甘泉一样流进听众的心里,带给他们灵魂的滋养。

亲爱的雯立,会有越来越多的人因为你,生活得更有品质、更有活力,拥有持久的幸福力。雯立,你是幸福的种子,深深地扎根在泥土中,生根发芽开花结果,直到金黄的麦穗结出成百上千颗麦粒。麦粒须等待大自然的契机方能成熟，而你却无须等待，你有选择自己命运的能力。不断有贵人伸出手来帮助你成功，也有更多的普通人从你这里得到无价的礼物：爱、信心和支持。

雯立，你能主宰自己的命运，你将不断创造奇迹。你的使命就是运用你的文字、你的口才到世界上有华人的地方去传播幸福、爱和美。亲爱的雯立，你的每一次演说都非常成功，走到哪里都有鲜花、掌声和欢呼声。有一天，你会像邓丽君、张学友一样在华人世界有影响力。在华人世界有风吹过的地方，就会留有你的文字和演说，你打造"世界华人幸福教练联盟"的品牌，所有人都承认你具有超级说服力和强大的正能量。雯立，你就是影——响——力！

我每天早上听上这段潜意识录音起床。

最近，我又为自己写了一篇赞美诗。

亲爱的雯立：

7年前，你带着无比的勇气与灵气改写自己的人生剧本，你活出了自己想成为的样子。

这7年，你经历了很多。也在这个过程中成长。每一年你都在做一件让自己刮目相看的事，打造自己的里程碑。

每年做一件让自己刮目相看的事：

2012年　国企离职。

2013年　发起幸福教练联盟，开发系列课程。

2014年　成都创业。

2015年　创业失败；在上海参加超级演说家大赛，重拾信心。

2016年　开设微课，知识付费。鹿雯立幸福私塾线上学员遍及世界各地。

2017年　接小学五年级的女儿到身边。

2018年　参加中国培训周2018"我是好讲师"大赛决赛，获全国50强和全场最佳风采奖。

2019年　5月4日"再不疯狂就老了——鹿老师的7年"见证会。

夸自己，比夸别人更有挑战！

有时你觉得自己平凡无奇，实在没有什么过人之处。

有时你觉得自己还可以，心里知道就行了，真不好意思自夸，简直不要脸。

要内心强大，有时真的需要不怕丢脸的精神。

别人不夸你，你就自个夸自个吧。

如果你不鼓励自己，就没人鼓励你了。

日常运用练习：

请写一首给自己的赞美诗，可以不要脸地夸自己。

如果你愿意分享，可以发至我的邮箱：1299742831@qq.com

轻松练一练

签名：　　　　　　　　　阅读时间：

1. "亲爱的，请你告诉我，在你眼中我最大的优点是什么？这对我很重要。谢谢你！"

如果你性格外向，不妨大胆把这句话发到朋友圈。如果你内敛低调，或因其他原因多有不便，也可以一对一、点对点地把此条微信发给10位你最信任的朋友。

看看收到反馈后，你有何感受？

2. 把"你是怎么做到的？"这句话术用到生活中来。这是8大说话方法中重要的一个方法之一，请赶快试用。用好这句话，你可能会立即成为带给别人好感觉的人。

3. 为自己写一篇赞美诗。因为你不鼓舞自己,就没人鼓舞你了!

扫码收听麓老师的有声课程,配合本书学习,收获翻倍!

如何聊天有学问

CHAPTER 04

聊天，看似小伎俩，实则是大本事。

你知道聊天中能量最高与最低的一句话或一个字是什么？如何让对方主动分享最有价值的信息？怎样的腔调能确保聊效？

细节是针角。运用实用而精妙的聊天小技能，简单又有效。

选择话题,见什么人说什么话

试想你与卖菜的大姐谈钢琴曲,与单身男女谈儿童家庭教育,与素食主义者谈鱼肉的营养是多么不合时宜。

做销售的人最善于察言观色。他会与父母谈小孩子的教育,跟女人谈时装、美肤美体,跟男人谈时事或事业,跟老人谈健康养生。

他们是站在客户的角度选择共通的话题,方能继续下一步的交流。

而我们平常与人交流,通常只站在自己的角度,只想自己想说的,永远是我、我、我,而缺少关注其他人的兴趣与需求。

曾遇到一位同事的妻子,每次见面她都说自己与某某厉害的人物如何有交情,今天是银行行长,明天是集团老总,后天是副省长……一讲起来就滔滔不绝,一个细节都不肯落下。真是让人避之不及!她讲的一切都与听者无关,她只沉浸在自己想说的世界里。

说话,是说者与听者交流的过程。一定要考虑对方的感受。

2017年底,我在北京有一次难忘的经历。

当时受邀去北京参加"做自己"论坛,据说这是中国最有影响力的青年成长论坛。

在论坛上见到很多名人，比如新精英生涯的创始人古典、"得到"课程的老师卓克、DISC社群的李海峰、樊登、李尚龙等名人汇聚一堂。与全国职业生涯规划圈子里的新老朋友相聚，皆大欢喜。

即将离开北京时，出租司机给我上了一课。

北京好友红红陪我吃饭，到了该出发的时间，她叫了车。

电话里跟司机说我们所在的地方：某商场，门口有红旗。

后来发现沟通有误，同样的地点，有上下两个平台，都能看到红旗飘扬。司机师傅停在上面的平台，而我们却在下面的平台。搞清楚后，我们爬上了100多级台阶来到上面的平台。

"师傅，不好意思，让您久等。我们说看到红旗了，不知有两个平台。"一上车我们就道歉。

"是啊，天安门广场也有红旗。"能听出他有情绪。

"我们到北京国际饭店。"

"您去哪个北京国际饭店啊？"

"北京就一个北京国际饭店吧！"

"我都开了13年出租了。我清楚还是你清楚？"

我们立刻拿出酒店房卡，报出具体地址。

我们都不再说话了，但能感觉到车内的氛围不大对。我注意到车内有一台小小的加湿器正在喷雾。

"师傅，您的车是我遇到唯一装有加湿器的。您想得好周到。"我试图缓和气氛。

"就是态度不好！"红红也有了情绪。

"是啊，雷锋态度好。"司机杠上了。

车到北京国际饭店门口时，我请师傅稍等片刻，我去总台拿行李箱。红红就在车上等我，不必下车了。

等我回到酒店门口时，发现车不在了，红红在门口等我。

"我重新约了车。"红红说。

这时我看见一人面带笑脸迎过来，一边问好一边接过了我手上的行李箱。一个微笑加一句"您好"，就让人心情大好啊！

上车后，师傅就说："女士，您好，首汽约××为您服务。请您系好安全带，确认我们是去首都机场，对吗？"

一听就是标准话术，友善的语调、真诚的口吻，让人感觉心里舒坦。

一上车，红红就说起刚才那位司机让人感觉不爽，既然我付费购买服务，为什么要受气。

可爱的红红拿出手机给我看：刚才那个师傅姓刁。你看他说话多呛人啊。这个师傅姓和，看着人都和善。

师傅这时跟我们搭话了，我和红红说了刚才的经历。

"您是老师吗？"师傅问。

"鹿老师是有名的培训师，在全国各地讲学。给我们上过'幸福生活 好好说话'的课，大家可喜欢啦。"可爱的红红是真心爱我，她的语音语调里都透着喜爱。

"老师您真应该给我们首汽约车的司机讲讲课！"师傅说。

"首汽约车一定对司机有很好的培训。从您这儿就感觉到了。"我回应。

"谢谢老师，我们做服务的需要提升软实力，一个人能说话不等于会说话。我们真心需要学习。现在什么都在变，必须不停地学习，学最有用的。学会说话，好挣钱啊。再说咱们大伙都高兴，您说是吗？"这位师傅会聊天。

"那我把鹿老师的名片给您，您可以推荐。我也是服务业，为职工服务，我们也可以交流。"红红这下做经纪人对接业务了。

这车是换对了。这位和师傅与刚才刁师傅一对比，就是两个世界的人啊。

去机场的路上氛围暖意融融，我们甚至觉得时间太快，话还没说够。一个人怎么说话，就会影响对方的状态与行为。

到达机场时，和师傅下车帮我从后备厢里取出行李，轻轻地放在地上，然后微笑地对我说："您就把前一位师傅带来的不愉快忘了吧，欢迎您再到北京来，欢迎选择首汽约车！"

我觉得这真是一次完美的旅行。向论坛上的演讲人学习，同时也向生活中的人事物学习。

前后两位司机，每天行驶在首都的大街小巷，但他们各自嘴里说出的话带给乘客不同的体验。好司机不是能开车就可以，还要会说话、擅交流。销售自己与自己的企业、城市乃至国家形象。开口几句话，就知此人的修养。**说话，真是一门学问。**

你针对性地辨析对方的职业、兴趣、爱好，同时提供有效的信息，带给对方愉悦的感受。

有效沟通，一定要看对象的。

别跟老人聊科幻。

别跟孩子提考试成绩。

别跟单身男女谈小孩儿。

……

见什么人说什么话。以前觉得"见人说人话,见鬼说鬼话"是贬义,现在体会可不是吗?跟小孩、老人、青年、中年人说话一定是不一样的啊。总之,你的心里要有对方,与对方保持在同一频道上。

一流的交谈,自如舒适;二流的交谈,平淡无趣;三流的交谈,怼人没商量,开口即得罪。

总之,聊天一定要看对象、选话题。见什么人说什么话,让彼此在一个频道上才能同频共振。

脱口而出：能量最高的一个字

有一个神奇的字，你带着它与人交流，会提升7倍以上的能量，你知道是什么吗？

"好"

"棒"

"是"

……

都不对。这个字是"哇"！感觉不可思议？

"哇！你太有眼光了，这么多作品里你单单挑中了它。它是凡·高的作品……"

"哇，你的声音太好听了，真是一种享受，耳朵都会怀孕的。"

"哇，你居然看到过极光，太不可思议了！"

通常听者都会对你微笑，内心充满美好的回忆。

你的这句"哇"带来的欣赏与好奇，会让对方非常乐意与你分享，于是打开话匣子，你用心倾听，适时回应就是一次愉快的交流。

良好的沟通有时就这么简单，简单到只有一个字。

发自内心的好奇、钦佩与欣赏地发出一声"哇"，带给对方心理上无比的愉悦，他被看见、被认同、被赞美。谁能拒绝呢？

简招即绝招。前提是你须真诚坦荡，而不是讨好、浮夸，否则效果会适得其反，一是证明你为人浮夸，二是证明你没见识，人家没工夫在你身上花费时间。

你知道了提升能量的一个字是"哇"，你知道能量最低的一个字吗？

"不"

"烦"

"滚"

"LOW"

……

都不是。

这个字是"嗯"。

为什么它的能量最低？因为它带来的感觉是被忽略、被敷衍，对方对你没兴趣。

如果是在职场，或许你可以继续追问以明确"是"或"不是"。

而在家庭中，常常对方会感觉你根本不在意他。

孩子热切地跟你分享学校同学间有趣的事，父母如果用"嗯"来回应，他会觉得这是应付。久而久之，他就不对你说了。

如果夫妻之间聊天，一方在做自己的事，用"嗯"来回应，对方感觉被冷落，久而久之，会变为冷战。

  其实婚姻中如果有吵架还好，因为背后有需求没有被满足。一旦需求被满足，立即化干戈为玉帛。发生冷战最危险，大家都懒得沟通与交流了。彼此被冻住了，没有了热气腾腾的生活滋养。

  你脱口而出的一个字，可以让关系紧密，也可以让关系疏远。其中的小秘密我已经告诉你了，怎么说是你的选择。

如何越聊越投机

俗话说"话不投机半句多",有人能把天聊死。

而如果双方聊的正好在同一频道上,那就是愉快的交流。

我们常常随性而谈,"聊效"很不确定。

如何避免尬聊?四四法或许能帮上你。

避免四个雷区:

一、盘问打探

愉快的聊天总是让人轻松愉快,而让人避之不及的聊天一定有原因。一是浪费彼此时间的闲聊,二是目的性太强的打探。总想从对方身上获取对自己急需的信息,而又表现得太直接、太功利。让对方有不舒服的感觉,根本不想再见。

或许你的问题涉及他人的隐私、或许别人不便以第三方的身份评判或提供信息。或许你想知道的内容是需要付费的,而你却毫无概念,还一直追问到底。这就让人想躲你,礼貌而不失尴尬地说再见了。

二、自我中心

如果一个人过于以自我为中心,就会失去朋友。可惜这样的人通常有太多的表现欲却不自知。

曾遇到这样一位女士,确实是高学历、高颜值、高成就,可每次遇到是别人主场的环境,她都能喧宾夺主,沉浸于不断地说自己如何如何,连旁边的人都感到尴尬,别人一点儿都没兴趣听她的丰功伟绩。**如果在聊天中过度关注自己,很难与他人好好聊天。**因为目中无人,走到哪儿不受欢迎。

三、打断他人

打断他人的话,是聊天的大忌。或许当时你有更想表达的,或许你不满意对方的表达方式,但你带给对方那种话没说完、如鲠在喉的感觉,会很让对方受伤。

我曾遇到一位实习记者,他一次次打断采访对象的话语,问对方:你到底想说什么?对方的话被憋了回去。最后人家黑着脸说:我什么都不想说。

打断对方是不尊重他人话语权的表现。如果连起码的尊重都没有,还聊什么聊?

四、随意评判

随意评判他人,于人于己都不利,只会扫大家的兴。

一次与女儿的同学家长陪孩子参加活动。吃自助餐时,一位小同学的家长看我拿了蔬菜,不由自主地说:"现在的菜里用了好多化肥和农药……"过了一会儿我提到喜欢吃三文鱼，她又说："生的食物有很多细菌。"以致她的儿子听不下去了："妈，你还让不让别人吃了？"

公众场合，随意对别人的选择做评价，一则无意义，二则惹人反感，得不偿失。

掌握四个原则：

一、简明扼要

有趣的人，通常不会说话啰唆，他懂得说短句，且内容简单明了，最好十秒内就能让对方知道你要讲什么。

我们每天在面对海量信息，一个活生生的人在你面前，你希望彼此能给对方最新鲜、最接地气、最能共情、最有用的信息。

一个信息要完美地传达给别人，一定要短平快。否则啰唆半天没完没了，漫无边际，对方没了耐心，没有办法让别人接口，共同拓展闲聊的深度。

你可以先抛出主题，确定3个点，然后有层次地说明观点，让对方快速切入谈话。

二、说话铺垫

及时地传递信息：我很愿意与你聊聊。最近还好吗？最近忙些什么？有没有什么有趣的事分享？你的提问让对方感觉有话可说。

总之，进入话题前，让对方感受到你对他特别感兴趣，很愿意跟他聊天。

在交流中，你的反馈不能太陡然，要有一个语言的垫子软着陆，不要给对方压力。

比如对方婉拒了你的要求建议，可以态度很坚决，只是语言上的委婉而已，这时你应适时地说："没关系，随缘。"而不要一再强调你的建议、方案或产品有多好。先给对方递下一个垫子，让对方觉得舒服很重要。

三、适时反馈

如果对方一个建议或方法很好，聊天时一定要第一时间反馈给对方。

博学又爱分享的怀青姐向我介绍了一个说话更生动有趣的方法：**使用拟声词，用来描绘声音或感情的状态**。比如："啪"的一声，盘子摔碎了。"咕嘟、咕嘟"，炖排骨的汤锅，香气在整个屋子弥漫。我刚出门，雨就"哗哗"地下起来了。

我见到怀青姐时，就说：您教的方法太有用了。我在线上课程带冥想时，让大家闻到青草的气息时，自己就发出慢慢吸气与呼气的声音，"吱——"的一声，一下就有了带入感！

她说：我听了，我也感觉闻到了青草味。就是因为老师带动的吸气声！

这就是及时反馈，我们相谈甚欢。

四、尊重他人

尊重他人，尤其是不在场的人。如果聊天谈到他们时，一定用尊称。注意两点：一是闲谈莫言他人过。实在想说，都要咬着自己的舌头。二是不妨背后赞美不在场的人，他会经由别人传递而听到你对他的欣赏，这样沟通的效果会更佳。

如何避免尬聊

男:亲,我不会说话。
女:你不是不会说话。你是能把天聊死。
……

说话,是相互的,你来我往,便有了交流。
交流的重点是对方的反馈。
可有时对方无法回答或不想回答,那就尴尬了。
随着生活节奏越来越快,尬聊的现象越来越普遍。你懂不起别人说的话,对方懒得理你。就像在舞池里跳舞,你要学会跳双人舞。如果你和舞伴互相嫌弃,不妨停下来,想一想。
如何避免尬聊?有方法。

一、反思:他为什么不愿跟我说话或我为什么不想说话了。
我为什么对他说这样的话?我的语气为什么这样?慢慢会发现,话语的背后藏着很多自己潜意识的东西。当我们不断重复时,慢慢成为自己的一个标识。比如有人开口就是"有个问题""没有办法",你一定不喜欢这样的合作者,可你并不清楚这背后可能跟他的经历或性格有关。换作我们自己，也一样。我们的哪种方式是别人不愿接受的。比如你总爱回"嗯"，人家就不想跟你聊了。因为你让对方觉得心不在焉。所以你可以试着改变，换一种方式。

二、自黑可以适时缓解气氛。

刚入职场不久，有一位很有魅力的人与我交流，他微笑着说："和你说话很有意思，你很会自嘲。"

我当时并不觉得，我说的都是真心话啊。

后来我发现我弟弟很会自嘲，跟他在一起交流特别愉快。

入职实习时，我倒班，父母安排弟弟去接我。有一次接漏了，他给我道歉："姐，我这人就好吃。吃顿麻辣烫差点就把姐吃没了。"

我们仅差两岁，年轻时站在一起常被人误会，他会主动对人说："我姐，亲姐。"重音在"亲"字上。

别人说："你姐气质好。好有味道。"他说："是，好几天没洗澡了。"

他总能把快乐带给周围的人。通常心理素质强大、主动性更强的人喜欢自黑。

这是很聪慧的方法，难听的话就别让人家说了，自己先黑自己一顿，别人乐了，话题也可继续。有时就怕较真，要分出个对错。

三、道个歉，认个错。

道歉难吗？说难也不难，说易也不易。

曾经一位当红娱乐明星就因不肯道歉而失去观众喜爱，从此再无登台机会。他在主持娱乐节目中提到歌手黄家驹，把"驹"念成了"狗"，并且说"都是动物啦"。当看到搭档在舞台上蹦跳时，他说："别蹦了，当年他就是这么蹦跶死的。"节目播出立即遭到黄家驹家人与粉丝的强烈不满，但他认为是一桩小事，不必当众道歉。观众情绪没有出口，同时认为他职业素养有问题，便用实际行动"不买账"让其失去舞台。

说话，哪里是小事呢。有时甚至小口角都可能引发轩然大波。

朋友参加一个大型商业课程，发现很多女士用丝巾、包，甚至矿泉水占位，这让她很反感。刚找到一个空位坐下，旁边的女士对她说"这儿有人"，她淡淡地回了一句："来了我就让。"一开始彼此就不太友好，过了一会儿旁边的女士对她说："人家来了，请你让吧。"同时轻轻推了她一下。她即回应："让就让，你推我干吗？"这时已不是尬聊了，两个参加高端商业课程的女士居然为了一个位子而吵了起来！幸好她立刻意识到了这一点，在心里对自己喊停，主动跟对方说："对不起，我今天来的时候就有情绪。现在出去缓一缓，您别介意。"对方也柔软下来："不好意思，我们一起来的，想坐在一起。"她说了一声"理解"就离开了。

退一步，海阔天空。

说声对不起，少死好多细胞，还留有回旋的余地，多好。

说话最重要的是理解对方，如果能及时调整平衡我与他的频率，就会少很多尬聊。

同时，生活中出现尬聊也不见得就是自己的错。你也可以选择聊天的对象。但如果人在职场，就必须学习与任何人都谈得来。这是一种能力。

给你好看：说话时记得给人好脸色

老弟是企业的基层管理者，我觉得他是生活中很会说话的人，总能给人带来欢笑。

雯立：为什么你说话总能把别人逗乐？

老弟：我就是闲着无聊，娱乐大众。

雯立：你能给人带来欢声笑语，男女老少都喜欢。

老弟：烦我的人也不少。我也就是变着花样地夸别人，别人爱听，我就满足别人的虚荣心。

雯立：咱家好像没有这样的幽默基因。

老弟：我也就是正能量。见的负面的太多了，我知道如何负负为正。

雯立：什么是负负为正？

老弟：咱们家孩子的毛病别人知道，咱自己不知道吗？

……

他指的是我们爱拉脸。自己以为是正常的，却不知周围的人都在看自己的脸色。

有一天我去某机关办事，猛然从大厅的镜子里看到自己，愁眉苦脸，行色匆匆，耷拉着脸，真难看！我很爱皱眉，但并不自知。直到有一天我坐上出租车，司机主动与我说话："是什么把您给愁成这样？眉头都拧到一块了。没什么过不去的事啊。"那时我才意识到自己的心事有多重啊，把工作看得太重。那一年我25岁。

母亲年轻时也经常给我们脸色看。母亲是小学老师，很有威严，眼光也很锐利。看脸色就知道她的情绪，我时刻小心避免惹她生气。

老弟也有这样的经历。

他说自己开会时板着脸，会有人问：哥，昨天跟嫂子吵架了？从此他有意识：即使不能让所有人笑，也不能让别人看自己的脸色。上班挣钱养家，人家凭什么看你脸色？

想想我自己也有这样的经历，平生最讨厌谁给自己甩臭脸。曾经一位合作者不擅长沟通，对任何人都是挑毛病，同时经常摆脸色，听到不同意见时当面撇嘴。大家是合作的关系，这种感觉太压抑，人生苦短，没必要看人脸色，合作中断。

一张脸就是晴雨表，要有意识让晴天多一些，最好时时阳光灿烂。

只要真心去改变，就总会有方法。

多照镜子，看看自己微笑与沮丧时的表情差别。

每天对着镜子里的自己说话：我爱我自己，我真的很厉害，今天一定有好事发生。这样一个幸运的人怎么可能哭丧着脸呢？

试着微笑着说话。一是好看，二是好听。即使是在学员看不到我表情的线上课程，我都会保持微笑。学员有感觉：老师，虽然看不见你，但我知道你是笑着对我说话的。

是的，我就是笑着说话的。有一天，朋友给我照了一张照片，我穿着旗袍参加加拿大大使馆的活动，这张照片让我自己都惊叹：笑容真美。渐渐地，发现自己的每张照片都有那样的笑容，我把它定格在自己身上了。

慢慢地体会到"和颜悦色"与"愁眉苦脸"瞬间带给人不同的感觉。一个人要内心平和，才会表现出平和喜悦的气色。她不会挑剔自己和别人，看到什么都是积极的、阳光的。

什么人最优雅？

让人内心安宁的人。

说话很重要，语音语调很重要，表情非常重要。因为大部分都是视觉优先。

请管理好自己的情绪。说话时给人好脸色看。

记得：笑是兜财宝。别跟自己的贵人与财富过意不去。

轻松练一练

签名：　　　　　　　　　　阅读时间：

1. 与人聊天时，要避免哪四个雷区？（温故知新。答案就在本章文中。）

2. 腔调决定"聊效"，好好使用拟声词会更有画面感。推荐你阅读一下著名作家冯骥才先生的书《万物生灵》。

3. 如果有人在你面前反反复复说着车轱辘话，你该如何回应？

讲道理不如讲故事

CHAPTER 05

没人爱听大道理。用一个概念解释另一个概念，注定沟通无效。

你只须讲好一个故事，就能让人印象深刻、同频共振。

本章给你最简洁、有用的讲故事模板。别以为自己是个没故事的人，没什么好讲的，其实是你没找到方法。试试"七步成故事"，让你发现不一样的自我。

讲道理不如讲故事

故事的高热能

《人类简史》的作者认为：人类之所以能打败其他的物种建立文明世界，是因为他们拥有语言，懂得讲故事。因为在故事里，他们可以理解未来将要发生的事。在故事里，可以了解其他种族，并跟他们一起合作，改变世界。

"让我们生存下去的不是食物，而是故事。"这是哥伦比亚大学医学院教授丽塔·卡伦的发现。

作为医生，她的大部分工作都是围绕着故事展开的。患者叙述自己的病情，医生在叙述自己的诊断。

她发现故事可以治病。她带的学生要学会如何更敏锐地阅读患者故事。提问从以前的"你哪儿疼？"转变为"给我讲讲你的生活情况"。

研究显示，医生在医院待的时间越长，共情力越弱。因为见多了！而熟悉病情可以让年轻的医生更充分地了解患者，了解患者的背景，这样就能更好评估患者当前的身体状态。一名优秀的医生，需要掌握讲故事的能力，即理解、解读患者的故事并对此做出反应的能力。

卡伦的学生用两个记录册来记录每位患者的情况。第一个用医学术语记录各种数据，第二个记录患者的陈述和自己的感受。结果显示：第二个记录册便于与患者更好的交流，比第一个更能建立良好的医患关系，同时疗效更好。

单靠故事不能治病，但如果与专业技术相结合，故事无疑具备治疗的功能。

有人说：未来的医生既有缜密的思维，又能与患者共鸣；既能分析检查结果，又能引导病人的陈述……

而我就遇到过有这样的医生。

刚创业时，我很拼。

最极端的时候与另一位老师两人开发课程，常常不分昼夜加班，她凌晨2点写好课件发我邮箱，我凌晨4点起来修改。那年国庆节，她没日没夜抱着笔记本电脑。她天真地想：奋斗10年就退休，然后周游世界。

一天晚上我们一起加班，两人都进入忘我的状态。

她猛一抬头，对我说："呀，鹿老师，你面色苍白。"

我看看对面的她，实话实说："杨老师，你脸色蜡黄。"

冬天晚上11：30了，我们还在办公室加班。

我合上电脑："走人。保命要紧。"

杨老师说："我认识一位省中医大的博士医生，要不我们找他看看，调理一下身体？"

就这样，我遇到了中医学博士姜医生。

医院看病总是要等待的，可在姜医生那儿看一个病人至少要20

讲道理不如讲故事

分钟！中医至于这么慢吗？

前面的人（患者）哪有那么多话啊？心急。

两人索性掏出笔记本电脑在医院里做起了课件。

终于等到了！心想：号脉、开药、走人。还有好多事等着我们呢。

可姜医生不急。这位中医学博士，40岁左右，温和、干净，面色祥和。

"您是老师啊。学生需要您，可不能拼坏了身体。"他看到我们抱着笔记本电脑。

"我们的老大更拼命呢！"当时的老大，常带着3岁的孩子与我们一起加班到深夜。

"其实，一个人能否成功，我一看就知道了。"姜医生说。

"这您都能看出来？"真是好奇。医生还是严谨些好。

"一个人如果不能善待自己的身体，他会成功吗？即使成功了，能维持多久？防患未然，要看中医，吃了一两服中药后，坚持复诊，慢慢地才能调理好身体。少则一个月，多则五个月。都不肯对自己好点，给自己点时间，还能指望别人和世界对你好？"

"这个在理儿！姜医生，您好有耐心。您花在病人身上的时间是其他医生的几倍。"我话里有话地说。

"如果每位病人来我这儿20分钟，我有15分钟的时间在跟他交流，聊他的病情、生活习惯、病因、服药后的感受……"

"我第一次遇到您这样的医生！"

"与病人聊天不是浪费时间，反而是缩短病程与增加疗效。你愿意倾听他，他就信任你。你鼓励他两句，他就对康复更有信心。病人有信心了，服药效果就好。"姜医生说。

姜医生这是中医加心理疗愈。医生跟病人好好说话，病人感觉特别温暖。多给病人一分钟时间，他就多一分康复的信心。医生的话才是一言值百万。

那天我觉得自己不是去看病的，而是去受教育的。

事后知道姜医生不仅坐诊，还是负责中医学术刊物的编辑，他的工作很繁重。可你在他身上看到的都是从容平和。

姜医生说："不能拼身体。"

姜医生说："对身体负责的人，要坚持复诊，不能因为忙就不来了。"

……

我们听姜医生的话，及时调整工作与生活的作息时间，坚持复诊，坚持服中药。慢慢地，身体渐渐有了能量。

我会一直记得有这样一位耐心听你说话，与你交流的医生。在他眼里，每一个病人都有鲜活的故事。

这些故事里有经历、思想、情感，他们都是平民英雄。

概念时代提醒着我们，一定要倾听别人的故事。每个人都是个人生活的策划者。这个观点一直都是正确的，只是少有人做到。

人生就是故事。

讲道理不如讲故事

好故事胜过大道理

人的大脑天生不喜欢听道理,而是喜欢听故事。故事潜移默化影响人的感受与变化。

没人爱听大道理,哪怕它是正确的。但人们愿意接受故事,一旦它与自己有联系,就能引发共情。

台湾许荣哲老师被誉为"最会讲故事的70后"。他总能不露声色,拨动心弦。他曾分享过一个故事。

那一阵子,我正在跑校园宣传新书,业务大哥特地掏钱买了几本我的书。

"帮忙签个名!送我女儿的。"业务大哥请我在书上签名,并写上他女儿的名字。

"你女儿几岁?"我本能地问。

"3岁。"

"等等,3岁,还是13岁?"

"3岁。"

"不会吧,这本书至少要中学以上才看得懂。"

"是这样的,我正在进行一个秘密计划。我要收集所有我载过的作家的签名书,等我女儿上了中学之后,再把全部的签名书送给她,当作她的成年礼。"

一个单亲父亲对女儿的用心瞬间让我红了眼眶。

不只如此。

"对了,昨天我载到蒋勋,上个月是陈黎……"业务大哥秀出车上的作家签名书。蒋勋、陈黎、吴晟……一本接着一本的作家签名书就是他这些年来努力工作的轨迹证明。

不只如此。

"送作家的签名书给女儿,是因为希望有一天,我的女儿也能成为一个作家,到时候我就可以天天载着她了……"业务大哥腼腆地说。

最后,在摇摇晃晃的车子里,我翻开书的内页,一笔一画工整地写下自己的名字,并多写了这么一段心底话:

"女孩,当你看到这本书的时候,别忘了给爸爸一个拥抱,因为这些年来,他天天载的都是你,你是他最重要的工作。"

一位情绪消极的女子找到你分忧。她的现状是看不到自己的价值,内心空虚无助,也不知该如何改变。

如果你讲一个道理:你现在挺不错的,不知多少人羡慕你呢。做人要知足!你知道吗,爱与恐惧无法并存。要让自己成为爱的发源地,把美好的事物吸引到自己身上来。

或许她会说：道理我懂，可我现在真的觉得自己很匮乏，一无所有，一无是处。对未来很迷茫。

这样的交流往往彼此都很累。一个努力往上拉，一个情不自禁往下滑。情绪下坠的力量会更大。

如果换一种方式，给她讲一个故事，引发她的思考，会怎样呢？

这个故事是我在催眠大师吉利根的课堂里听到的。这是他的老师埃里克森亲身经历的故事。

著名的学者埃里克森到一个小城讲学，一位朋友恳求他顺道看看他独身的姑妈，并说："我的姑妈独自居住在一间老屋，无亲无故，她患有重度的抑郁症，人又死板，不肯改变生活方式，您看有没有办法让她改变？"

埃里克森去了。发觉这位老婆婆比形容中更为孤单，一个人关在暗沉沉的百年老屋内，周围找不到一丝生气。埃里克森很礼貌地对老婆婆说："您能让我参观一下你的房子吗？"姑母带着埃里克森一间又一间房间地看。埃里克森真的想参观老屋吗？当然不是，他是在找一样东西！在这老婆婆毫无生气的环境里，能否找到一样有生命气息的东西。

终于在一间房间的窗台上，他看到几盆小小的非洲紫罗兰——这屋内唯一有活力的几盆植物。老婆婆说："我没有事做，就打理这几盆小东西。"埃里克森说："好极了！您的花这般美丽，一定会给很多人带来快乐。以后城内如果有人家有婚丧嫁娶的大事，您就给他们送一盆花去，他们一定会高兴得不得了。"

老婆婆照做了。小城谁家里有结婚、生子、孩子升学之类的大事，她就送一盆花。几年过去，城内几乎每个人都曾得到她送的花。

老婆婆个人的生活也因此大有改变，本来不透光的老屋，变得阳光普照。一度孤独无依的婆婆，变成市里最受欢迎的人。

当她去世时，当地报纸头条的标题是：《我市痛失"非洲紫罗兰皇后"》。

故事没有教育你要珍惜生命，活在当下。但会令人反思：跟老婆婆相比，我还年轻我还健康，或许我也可以开始做件有意义的事，比如……

一个让人有启发的故事有助于让听者发现自己现在已有的，将来可行的，并愿意产生行动。

讲故事比讲大道理更深入人心，更有价值。

当你知道讲道理行不通时，试着去讲一个故事打动人。

如果你还想把自己塑造成IP，打造成一个品牌，更要学会如何讲好自己的故事。想想新东方合伙人的故事、褚橙的故事、马云的故事，他们都在用故事的方法传达一个精神，一个理念。

没人会拒绝有营养的好故事。

讲道理不如讲故事

让别人喜欢你的故事

讲故事，你一定要明白讲给谁听。要讲别人爱听的，而不是你要讲的。

对象感太重要了。

曾经我有一位朋友在微信群里做分享，本意是让大家了解新课程，顺便分享了她在上海奋斗的故事：去了哪里、做了什么、见了什么人……听来很励志，没想到有人说，你去这儿那儿，跟我有什么关系？

原来这个群里的小伙伴的需求是了解如何在国外代购，他们需要时尚博主，并不喜欢励志姐。

你一腔热血分享，不想别人根本不爱听。那是你没找准对象。

跟年轻男人谈事业，跟中年男人谈养生，跟女人谈美妆时尚，跟家长谈孩子，跟老人谈健康……

如果你跟老人讲巧克力，他一定认为你闲得没事在乱花钱。

讲故事，你一定要想清楚能给别人带来什么？新知识、新理念，还是有趣、有料、有意义。或者彼此产生强烈的共鸣，拉近彼此的距离。

每年情人节都看到很多年轻人互赠鲜花与巧克力,我不明白为什么,可能是约定俗成吧,也没兴趣去了解。

听同事告诉我德芙巧克力的故事,我才理解"DOVE"是什么意思。听后挺感慨的,也愿意讲给别人听,相信很多人跟我一样知其然,不知所以然。

故事的大概是这样的:

品牌的创始人莱昂曾是王室后厨的一个帮厨,但他与芭莎公主相爱了,后来公主被选中嫁到比利时。公主要求回卢森堡再吃一次下午茶,因为她想在那里与莱昂做最后的告别。莱昂在准备糕点时,在芭莎的冰激凌上用热巧克力写下了几个英文字母"DOVE",这是"Do you love me?"的缩写。

公主看到时,这几个字已经化掉了。多年后他们才知道彼此的心意,可惜已物是人非。

莱昂决定制造一种固体巧克力,使其可以更久保存。经过苦心研制,香醇可口的德芙巧克力终于研制而成,每一块巧克力都被牢牢地刻上"DOVE",莱昂以此来纪念他和芭莎错过的这段爱情,它虽然苦涩但是甜蜜,悲伤而动人,如同德芙的味道。不同口味的巧克力具有如下不同的意义:杏仁巧克力代表一心一意,咖啡巧克力代表最直接的告白我爱你,榛子全粒巧克力代表一心不变。

如今,德芙巧克力已有数十种口味,每一种爱情都能在这巧克力王国中被诠释和寄托。全世界越来越多的人爱上因爱而生、从冰激凌演变而来的德芙。当情人们送出德芙，就意味着送出了那轻声的爱意之问："Do you love me？"

听了这个故事以后是否很感动，是否有购买的冲动呢？

我第一次听的时候就是这样：原来如此，怪不得它这么受欢迎！

如果不用讲故事的方式介绍德芙，请感受一下：德芙是世界最大宠物食品和休闲食品制造商美国跨国食品公司玛氏（Mars）公司在中国推出的系列产品，1989年进入中国即受到消费者的喜爱，它的口感丝质润滑……

跟讲故事的方式相比，效果是否大打折扣呢？

以前看到广告里明星吃了一块德芙巧克力的感受是如醉如痴的享受，常常无法共情，反而想：至于吗？！当听过德芙的故事后，终于理解，她吃的不是巧克力，她品味的是爱情是思念，可不就陶醉嘛。

一个好的故事，会驱使人们自愿采取行动，依你说的去做。

讲故事前，一定要想清楚讲给谁听。

你的人生
是你"说"出来的

好故事有套路

先给你讲一个故事。

那天我到一家教育机构办事,中午去地铁旁的一家餐厅。点餐后,坐在那儿等待。

这时,进来了一对父女,父亲很精神,30多岁,戴着黑框眼镜。偏瘦,他左手牵着女儿,右手拿着小提琴的琴箱。小女儿四五岁的样子,留着齐刘海的妹妹头,有一双大眼睛,长长的睫毛,一笑还有一对小酒窝。身穿连衣裙,连衣裙上镶着蕾丝花边。看小女孩就知道这位父亲一定很幸福,他们坐在我的斜对面,孩子的脚还落不着地,在那椅子上来回地摆,特别可爱。

过了一会儿,我听见女儿向父亲撒娇:"今天拉了好久的琴,手腕都要'死掉了'。"父亲特别爱怜地对女儿说:"宝贝儿,爸爸给你揉一揉,我们把它救过来,不让它'死掉'。"那一刻我坐在边上觉得画面好温馨,好幸福啊!

接着那女儿又说:"爸爸,下个月有个比赛,老师想让我参加。"父亲问:"宝贝儿,那你想参加吗?"女儿有点委屈,长长的睫毛垂了下来,她说:"我拉得不好听,他们要是不喜欢我怎么办呢?"我坐在旁边有点难受。

她的父亲是我见过最有智慧的父亲。父亲一边帮女儿揉着手腕一边说:"宝贝儿,你一定要记住,我们来这里拉琴不是为了让别人喜欢,我们是为了让自己开心的。你知道吗,有一天爸爸妈妈不在你身边了,你害怕的时候还有一把琴陪着你。这把琴就是你的朋友,你把它拿出来拉一曲,就不会害怕了。如果有一天有人伤害了你,让你觉得好委屈,无处诉说的时候,你把琴拿出来拉一曲,你的心情就会好起来。琴是我们的好朋友,这是我们来学琴的目的,你记住了吗?"

女儿使劲点点头说:"记住了。"那一刻我热泪盈眶,眼泪忍不住地往下流。

我突然间明白了这不就是兴趣的真正意义吗?那天我从餐厅里出来,觉得阳光特别好,当光照下来的时候,有一瞬间感觉自己好像已经被净化了。我反复回忆他们的对话,感觉这才是我想要的答案。

突然发现原来我童年时的兴趣从来没有离开过我,为什么成人的世界会很无趣,是因为我们把所有的东西都功利化,我们手机里存储了成百上千的电话号码,孤独的时候却不知道该打给谁,不知道谁愿意倾听你的心事,世界那么大却不知道该往哪儿去。如果你让你的孩子学一个爱好,不是为了让她像动物一样展示,而是躲避这个残酷世界的空间,并能让她重燃对生活的希望。兴趣是带给我们一生慰藉的东西,它与竞争无关。

听完这个故事有什么感觉吗?

故事之所以有趣,是因为它包含了故事的四大原则:情节、情感、细节和主题。

故事思维就是用故事的元素把事实包装起来,把个人的感情融进去,让人产生代入感。

因为一直从事写作、培训,我一度特别想做编剧。虽然至今尚未实现编剧梦,但却学会了拆解故事。因为所有的人物故事都有套路,大部分讲的是同一个故事。比如《西游记》《基督山伯爵》《战狼》《奇异博士》,都有一个相似的模式,每位英雄人物都会经历三个阶段:启程、启蒙和归来。神话学大师约瑟夫·坎贝尔发现了被称为"英雄之旅"的一种原型。

比如《西游记》:

讲述大唐高僧西天取经的故事。

原本唐玄奘过着平静的生活。

听到使命召唤去西天取经。

师徒四人经过九九八一难,终于取回真经。

套路很眼熟吧。

很多电影也是这个套路,比如《奇异博士》:

原本,他是医术高超的神经外科医生,过着高品质的生活。

有一天,他开车参加宴会发生车祸,导致他再也不能拿手术刀了,他从此消沉。当他得知自己曾经的病人得到上师的指点,完全康复时,他踏上了前往东方寻找上师的旅程。

他终于找到上师。在上师的指导下,经历内心的层层蜕变,成为具备穿越功能的奇异博士。

最后,他王者归来。这时的他已不是原来的他了。

《阿凡达》《狮子王》也是这个套路。

讲故事确实是一种天赋,更是一种能力,是可以通过学习获得的。

华人世界讲故事大师、台湾的许荣哲老师是这样给故事定义的:故事是一种迂回的方法,是一种有效的诡计。

新精英创始人古典老师有一个**"7步成故事"** 的公式,我觉得很妙:问完七个问题,故事就自动跑出来。这7步是:**设立目标、遇到阻碍、特别努力、然而挫败、意外发生、故事转折、美好结局。** 有了这7步,讲故事、听故事、看电影都变得不一样。

从韩寒的电影《飞驰人生》来看这7个问题:

一、目标:张驰要重回赛车场。

二、阻碍:没车、没钱、没驾照,只有比他更年轻更有才更有钱的竞争对手。

三、努力:自行组装赛车、放下自尊拉赞助、卖炒饭、练习……

四、挫败:大赛在即赛车撞毁、领航员受伤。

五、意外:在对手林臻东支持下修复赛车。

六、转折:冲过终点冲出赛道。

七、结局：张驰达成目标，同时……

结局达到开篇的目标，同时又出乎意料，开启一个新的想象。

"7步成故事"的方法，我们每个人都可以讲出自己鲜活的故事。

比如我的春节故事：

目标：写本书。

阻碍：没时间没精力，天气阴霾寒冷，感冒咳嗽浑身无力。

努力：制定写作计划。

挫败：计划落空。

意外：得知秋叶老师春节加班写书。自问：为什么我不行？

转折：正好春节7天大假回家乡，阳光灿烂，平均温度28℃。恢复元气、心情大好，换了新电脑，家人支持，各种资讯同时出现在眼前，犹如神助。一是有时间，二是有状态。

结局：我在假期7天写完70%的书稿！且不时有新灵感跑出来。同时在这一过程中，还同步学习了两个课程，看了4场贺岁电影，看了至少20本书，整理了案例，整合课程精华。你怎么过春节，就怎么过一生。

故事都有套路模型，有了骨架，还要有血有肉，这些就是细节，比如画面感的呈现、生动的对话、情感的联结等。

总之，讲好故事有套路，想学就能学会。

讲道理不如讲故事

英雄之旅：说你的故事

我们在课程中有一个"英雄之旅"的环节。就是两人一组，互相讲述自己的英雄故事。

"我普通得很，哪里是什么英雄。我可开不了口！"大部分人都认为自己没什么好谈的。

如果我们给出大纲：

在你的经历中，是否遇到过两难的境遇？

你做出了什么样的选择？为什么？

造成的结果是什么？

它对你现在的人生有什么影响？

学员一下变得侃侃而谈，时间到了都停不下。

你看，每个人都有自己的精彩故事。故事是自我形象的一部分。你说自己普通就普通，你说自己是走在"英雄之旅"的路上，那么你就是勇敢的英雄。

若临死时还说自己是个没故事的人，那真是太可悲。

如果回顾自己的人生，发现没有遇到过两难，那一定是活得太平庸。总有一天，你的人生会在眼前像电影一样一闪而过，请确信这电影值得一看。

　　你的人生，就是一个故事。你是女主或男主，同时也是编剧、导演。在我写这些文字的时候，我的脑海里就在闪现自己人生故事的画面：40岁离职，打破自己的铁饭碗，走出舒适区。持续学习成长，成为"中年斜杠"，作家、培训师、咨询师、心理专家、教练、创业导师、生涯规划师，站上更高更大的舞台，看到更美的风景，遇到更优秀的人。找到自己的天赋使命是支持女性朋友提升幸福的能力。全新版本的人生，无限精彩。经历磨难，蜕变成长。英雄之旅都是冒险的，在冒险的过程中才有挫折、有冲突。冲突越大，故事越精彩。

　　别人眼中的奔波劳累，在你心中却是甜美的滋补。

　　当别人以为结局已经写好，你却在改写自己的人生剧本。

　　其实每个人的生活都可圈可点。就看你是否是有心人：

你有自己的里程碑事件吗？是什么？

你做过一件让自己刮目相看的事吗？每年都有进步吗？

你有自己的短期与长期规划吗？是什么？

你对过去的自己最满意的是什么？

故事是浓缩的生活，生活是浓缩的故事。

讲道理不如讲故事

轻松练一练

签名：　　　　　　　　　阅读时间：

1. 讲好故事都有什么套路？

2. 用好故事的套路解析一部你最喜爱的电影，理出故事梗概即可。

3. 梳理一下自己的时间线，你对自己过去最满意的是什么？你对未来可有设计与规划？你现在最想做什么？试着以时间线的脉络写出自己3分钟的故事。

扫码收听鹿老师的有声课程,配合本书学习,收获翻倍!

公众演说是一对多的销售

CHAPTER 06

当你面对两个以上的人讲话时,就是在公众演说!

如果只学一门技术,建议就学公众演说。

我们每天都在销售,销售自己的理念、计划或产品。实则是在销售自我,人对了,一切就都对了。

本章介绍精彩演说的 4 个元素,开口就让人刮目相看的 4 个简招,助你随时随地即兴演说。

公众演说是一对多的销售

演说是门手艺,早学会早受益

"你是鹿老师吗?你很有名,我要跟你学演说!"

"我无论如何都要挤时间学会公众演说。"

越来越多的人开始意识到公众演说的重要性。TED演说吸引了世界的目光,《开讲啦》《超级演说家》《我是演说家》《精彩中国说》等电视节目也让我们认识了更多有精彩故事的普通人。如果不是演说,我们并不了解这些演说者和他们的思想与行为。

并不只是名人需要演说。作为素人,更需要学会演说,因为每一次机会对你来说,都很珍贵。

我们的"演说达人"工作坊,吸引了很多企业家、教师、职员和大学生来学习。我们愿意看到家长带着孩子来学习,因为学习演说越早越好。在学校竞选班干部都需要演讲,多一个为同学、老师、学校服务的机会,就多一次锻炼与成长,走上社会就更有能力与价值。

演说,可以为自己赢得更多的机会。让别人知道你的人生态度、你的故事、你的梦想。能帮你的人,就坐在观众席里。

一、演说带来影响力。

生活中人们都在无形中销售自己,而演说是一对多的有效销售手段。奥巴马通过演讲把自己销售给了全美国、全世界!

公众演说,是伴随人一生的能力。如果你想好好栽培自己,那就开始学习公众演说吧。在今后的社会竞争中,会演说,就好像比别人多一件秘密武器。一个人肚子里再有货也得学会如何表达,一对多的高效表达,收效也是翻番的。

一个人声音大、话多,不一定是会说话的表现。知道什么该说,什么不该说,该说的怎么说,才是一个人有口才的表现。很多人总是急于表达自我,一吐为快,却一点不懂对方的感受。也许你说的对方根本不想听;也许你说了很多,却一句也没说到点子上,别人半天不知道你到底想说啥。一个人能在公众场合大胆表述自己的观点,且没有一句废话,是件不容易做到的事。演说的能力,是后天习得的,而公众演讲恐惧症也是普遍存在的。

美国人演讲力是怎样炼成的?这是《环球时报》上的一篇文章,开头很吸引人:

> 近日,美国网络最热的是美国第一夫人米歇尔·奥巴马的演讲,每分钟被转载2.8万多次,有人说她的演说改变了历史。在热议这惊艳四座的演讲时,人们也会对美国人的演讲力钦佩不已。中国人现在的演讲力为什么与美国人有明显的差距?文章给出的答案是:演讲力是美国人的立身之本,美国老师注重培养学生的口才。学校看重当堂陈述,各类学生社团,都必须经过竞选演说一决高下。

公众演说是一对多的销售

为什么中国人的演讲力较弱？中国学校以应试教育为重点，学生集中锻炼考试解题的能力，演说力无关考试，自然得不到训练。中国学校很多课外活动的名额被学校、老师大包大揽地指定，竞争性大打折扣。

国外成年人走上社会后，无论从事什么职业，在大庭广众下把自己的需要、愿望和观点说明白，争取公众的支持，是经常性的需要，演讲是必备的技能。而在中国，一个人更需要的必备技能是说服上司。他们的口才未必差，却因缺少"大场面"的实际历练，而在演说能力上显得逊色。

演说能力对个人的成长与成功都很重要，像林肯、肯尼迪、里根、克林顿、奥巴马等总统的成功演说，都带来了前所未有的影响。像乔布斯这样的企业家，也是演讲高手。大到竞选总统小到应聘求职，无论是宣讲政治主张，还是展示自己，归根结底，都是在"说服别人"。

二、演说，可以帮助人最快建立自信。

我记得在自己人生最低谷时，与我的恩师一起自费去上海参加演说课。我的老师真是我看到的最爱学习的专家教授，年逾50的她完全保持了年轻人的学习力。

那段时间我创业失败，之所以去学习，是因为我们早已双人合报付了5位数的高昂学费。

我自己没意识到，但有一天老师对我说："小鹿，你体会一下，如果有个人每天在你耳边抱怨是什么感觉。"

我都没有意识到自己在抱怨，我以为自己一直在说"实话"。

学习最后一天，我和老师过关斩将双双杀入总决赛。

很多前面的选手慷慨激昂，肢体动作夸张，有人把水倒在头上，有人把外套脱掉，更有人跪在地上……

我觉得自己做不到。那是形式。

我还是上台了，讲我的故事，我的书。最后我告诉大家，因为事先不知这场决赛会到凌晨，我已订好了晚7点的机票，现在就要和大家说再见了……

我静静地说着这一切，微笑地说再见。虽然我手上只有一本书，现场无法满足现场售书要求，但仍然有十多位听众围着我，给我名片，往我手上塞钱，要订我的书。

这个比赛不仅要收获鲜花和掌声，更要收获现金和人心。

我做到了！它带给我的最重要的珍宝是信心。我开始相信，原来我这个人这么有价值，这么多人因为一次演讲就喜欢我，就愿意跟我交朋友，愿意花钱购买我的书。

我手上攥着一把名片和现金离开了会场，后面还不断有人追上来寻问。他们都不听后面的演讲了！我的老师目睹了这一切。在去机场的路上，我深深体会到感恩和抱怨无法同在。

演说，让我重拾信心。

信心，是多少钱都买不来的。

三、演说，带来新的可能性与机遇。

我有一位学员叫李明，是一位双目失明的琴童。当时我在家乡做了一场演说，告诉大家：一定要学会演说，站在台上讲你的故

公众演说是一对多的销售

事，说不定能帮助你的人就在人群中。

李明当时仅有10岁，但已经显示了超凡的音乐天赋，她的钢琴水平已达了10级，经常有机会参加国内外钢琴比赛。由于她父母都在打工，经济条件并不宽裕，有时她取得了参赛资格也无法成行。

她的妈妈带着失明的女儿来听我的演讲。她只能是听啊！后来妈妈找到我，想请我教女儿演说。她坚信女儿是艺术家。

我与当时博为学校的张清老师一起，教李明演说与写作。李明用盲文写演说稿，我们一遍遍地打磨，讲述妈妈为什么给她起名字叫明亮的明，如何一出生就发现双目失明，再到一次次去北京做手术，如何被钢琴声吸引，如何在贫困的家境下坚持学琴，对钢琴是怎样的热爱……

后来李明常常在演出前会说两段话，她真的变成正能量去鼓舞他人。

她的妈妈也不断地向周围人讲述李明的梦想：她想考四川音乐学院！

你知道，当你面对两个以上的人说话时，你就在公众演说！

李明是个很懂感恩的孩子，每年教师节，我都会收到她的信：用针扎的盲文。

有一天，李明的妈妈打电话告诉我，孩子已经到四川音乐学院学习了！有位钢琴教授破格收了李明。

太不可思议了。公众演说为母女的梦想插上了翅膀。

演说是门手艺，一生有用，它还将影响整个家族及所有你遇到的人。

你的人生
是你"说"出来的

演说，让更多人知道你是谁

"不管怎样，我得把自己这张胖脸给露出来。"逻辑思维的创始人罗振宇这么说自己。于是有了"时间的朋友"的跨年演讲，对外宣称将持续20年。目前每年有数十万人听罗胖回顾过去的一年，展望新的一年。

因为演讲，"得到App"每年的客户成倍增长。

跨年演讲这个广告做得超值！越来越多的人在辞旧迎新的时候，选择去听罗振宇、吴晓波的跨年演讲。

他们不是明星，却成为互联网时代知识经济的代言人。

而作为素人一枚，你可以为自己代言。如果你是块金子，你有必要让更多的人知道。毕竟早发光比晚发光的时间成本更合算。

让别人快速知道你是谁，很重要。

如果你很普通，没人会谈及你。如果你有点特色或小有成就，与其让别人说你的故事，不如你自己站上台讲自己的经历、观点和梦想。

我之所以特别爱讲"演说达人"的课，那是因为我是演说的受益者。

公众演说是一对多的销售

22岁大学毕业,初入职场须在生产一线实习。倒班的那段日子根本不知当天是星期几,只知道明天是白班、中班,还是夜班。我不认识公司各级领导,我能见到的领导就是班长。

"现在招聘经理秘书,你为什么不去?"有一天作业区安全员转到了我的岗位突然问我。"我根本就不知道有这回事啊!"倒班让我无法及时得到信息。

安全员建议:"你代表咱们作业区去参加一个演讲比赛吧!"我说行。谁知预赛时间突然提前了,逼得我仓促上阵,上台后我看见自己的腿带动裤子都在发抖。

那一次,我的表现糟糕透了。在台上思维完全没有逻辑性,简直是胡说八道,最终落荒而逃。我连决赛都没进。

紧接着我所在的企业进行人事、工资、管理等三项制度改革试点。试点取得空前成功,准备举办一次演讲比赛。

这一次我认真写演讲文稿,对着镜子一遍遍演练并设计肢体语言,录音并反复听寻找失误。正式赛时,我表现得落落大方,侃侃而谈。重要的是我不是唱高调,讲的都是一线职工的大实话。

"这个姑娘是谁?哪个作业区的?"人们都在打听我。现场所有的公司中、高层领导都知道了我的名字,是新来的女大学生。演讲评分时,领导上台总结发言,一口一个"我们小鹿说"。演讲会结束后,我还没来得及离开座位,就有几位作业区的领导主动找到我,表示他们那里很需要我这样的人。当时没手机,他们就把单位电话和自己的姓名写在字条上,让我来找他们。其中一位女性领导过来告诉我,她是试验室的书记,姓陈,她表示试验室的工作环境更适合女性。虽然当时我并没能立刻调动到心仪的岗位，但我的演讲给大家留下了深刻的印象。同时我知道了一件事：原来我是那么受欢迎，居然是人家争着抢着要的人才？！这一切不是因为我干了多少活儿，而是因为我会演说！

多年后，陈书记担任重要领导岗位，在职场上一路提携我，她认为我像年轻时的她一样：热情、积极、正直、善良、坚强、勇敢、好学。从那以后，我的每一次成长，都有陈书记的鼓励。而且我总能在她的眼中看到骄傲与欣赏。

公众演说，你让更多的人认识了你。认同欣赏你的人就坐在人群中。

我看过一部电影。因为主讲老师迟到，开场的弟子在毫无准备的情况下撑了3个小时，而且他的演讲深深吸引了台下的人。台下有一位观众当即决定：我要跟这个人合作！

演说，就是一对多的销售。 麦克风在哪儿，市场就在哪儿，你可以让现场所有的人知道你是谁，你把自己销售成功了，推销你的作品或产品就是水到渠成的事。

大家说我在台上光芒万丈，其实每个人上台都会比平时更有风采。演说可以创造影响力，有影响力就会吸引更多的人与你合作。

你的梦想与追求，你的才华与天赋，你的目标与愿望，如果你不说出来，那么这就是个秘密。

演说，让更多的人知道你是谁。喜欢你，才愿意帮你。

公众演说是一对多的销售

让人刮目相看的四个简招

演说的技术与方法很多,我只想提醒你最核心的就那么几点。

这里的四个方法,在一般的演说课都会一带而过或不会告诉你,但它恰恰就是最关键的。或许这些看起来很笨的方法,没有什么高科技含量,事实是:简招即绝招,太有用了。尤其是演说新手,它会让你迅速闪亮,一开口就被人记住。

我就是这样一步步走过来的。

一、动手写,逐字改。

不要轻信别人的记忆力强,出口成章口吐莲花,你要做的就是认认真真地写好演讲稿。明晰主题,按照五要素认真打磨好文字稿。做到每一个停顿、语气助词、语音、语调、肢体动作在稿件上都有标识。

写文字稿,从根本上解决出现"嗯""啊"等无用的词及口水话,让听的人感觉语言"干净"。

演说,你必须像一个演员一样做功课,把所有能想到的好的表达方式都要演绎出来,并确定最优方案。这样等你上台演说时,看起来好像都是你轻松说出来的。其实不是,那是你已演练过无数遍的成果。每练一次,就修改一点。上台演讲时的自信,来自你台下的准备。

请记住,在正式演说场合,再牛的人都有文字稿!

二、下笨功夫:背下来。

有一种牛气,叫作:"我都背下来了。"这话是六神磊磊说的。

背篇演讲稿,真的不难。重要的是你自己写的。我演讲从不用别人写好的稿件,那样更累。

如果你不是大咖,你在台上没有提词器,你就更需要用笨方法:背!

你如同演员一样,背下所有的台词,没有分镜头,一口气背下来。同时还要有演绎!

背是笨功夫,也是神功。

我有一次神奇的经历,上台演说时大脑一片空白,我什么都不记得了,但是我的嘴准确地说出该说的话!下来后,很长一段时间我都不知自己是怎么做到的了。

后来学习了心理学才知道,因为不断开口练习,背得太熟了,是口腔肌肉形成了记忆!

以前都是别人说我"这个女子用功起来,有点可怕"。那一刻我心觉得自己真的是个牛人。

其实,只要是自己写的,就很容易背下来。这样既练习了写作

公众演说是一对多的销售

能力,又练习了演说能力。

三、录视频或音频,自己挑毛病。

把自己的演说录成视频,反复看,通常会觉得很难面对,简直是一种折磨,不忍直视。但这一招真的简单粗暴有效。

我做电台心理访谈嘉宾主持时,每天晚上的节目都会录下来,回家反复听。反复听自己的节目,有时真的想吐。但作为非科班出身的我,要想把节目做好,我必须自我修正。每晚11点半下节目,回家后我还会再听一遍。当听众都能感受到你的进步时,内心特别安慰。而当你离开时,听众又在打电话或写信挽留,感觉自己的努力都是值得的。

曾经有一位中国体操运动员,在国外请不起教练,他就把自己的动作录下来,一遍遍看回放,一遍遍地自我调整。最后他终于获得世界锦标赛的冠军。

四、找榜样,先模仿。

这才是绝招!用上心理学的技术。

你最喜欢的演说家是谁?奥巴马、乔布斯、奥普拉、杨澜、董卿……古今中外你最喜欢谁,就去模仿谁!

把你喜欢的人物演说当作标杆,去模仿他的语音、语调、节奏、情感抒发的方式方法,你去研究这个标杆,就会发现太有意思了,太值得学习了,这才是捷径。

我的朋友模仿他的老师,每次演说都100%地投入,到最后西装领带都会打湿。从远处看，人们以为是他的老师在演说。

　　我的老师把自己的标杆定为世界潜能激发大师安东尼·罗宾，作为女性，她现在演说气场超级强大。

　　我则喜欢著名导演王潮歌，喜欢她站在台上的那种自信、亲和，喜欢她双目发光、说话有力量的状态。我会经常对着镜子模仿她在《开讲了》中的演讲，视频看了不下100遍。

　　模仿，让你的表达力直线飙升。

　　模仿标杆人物，你会快速吸收精华。

　　同时，你也会带有这位标杆人物的能量。

　　总结：一是认真写，逐字改；二是背下来；三是看通过视频或音频找差距；四是模仿榜样。

　　做到以上四点，演说水平会突飞猛进，让人刮目相看。

　　聪明人肯下笨功夫，成功是迟早的事。

公众演说是一对多的销售

让演说大放异彩的四元素

你在台上又演又说,下面也有掌声与笑脸,看起来还不错。但很可能听众什么都没记住。不信你问:我说的哪部分让你印象最深?对方难以立即回答。没学到东西、留下印象,就是浪费彼此时间。

回想乔布斯在母校的演说,你会记得三个故事。

马丁·路德·金的演说,人们都记得他说:我有一个梦想……

演说如何出彩?分享四个工具:

一、金句,必须有。

这在罗振宇的跨年演讲中金句层出不穷。

"岁月不饶人,我亦没饶过岁月。"

"凡事都有裂缝,那是光照进来的地方。"

"你在朋友圈里又佛又丧,你在收藏夹里积极向上。"

"对未来最大的慷慨,是把一切献给现在。"

"以前变化是生活的一部分,现在变化成了生活本身。"

"成年的滋味总是很复杂,熟悉的也许只能用来怀念,依赖的也许必须要放手。"

"做事的人无所谓悲观还是乐观,我们只关心如何把事做好。"

"做有价值的事,成就时间的传奇。"

……

这种被压缩过的信息,会强烈冲击人的内心,引起共鸣,即使演讲结束,仍然值得回味。

我经常遇到小伙伴说哪句话对她有影响。都是这样的金句。比如"不完美的行动胜过完美的等待""先开枪后瞄准""把背包先扔过墙",都是一个意思:别光说不练,赶紧行动!

讲大道理没有用,有时一句浓缩的话点到穴位就对了。

二、故事,不能少。

演说中要是没故事,那就太干瘪了。没法让人听下去,人们都渴望听到好故事的。

讲历史不如讲现在,讲别人不如讲自己,因为这样才能与听众的心理距离更近。

如果你有一箩筐精彩的故事,请一定选别人想听的,而不是你最想讲的。

这个故事能否引起共鸣,是会心一笑还是引人沉思或是让人学习到新知识?

故事讲得好,就是把自己与听众的频率调整到位了。听众完全跟着你的思绪在走。

在演说中，我建议你最好讲身边人的故事、讲自己和团队的故事。演说是一个绝佳的宣传自己和团队的机会。

三、有数据，才可信。

引经据典，会让听众更信服，有数据支撑就会让人感到更可靠。**用数据说话，满足了听众对信息真实可靠的心理需求。**

演说的内容设计要让听众左右脑互感。有了情感的链接，牵动了左脑的部分，接下来就必须要有理性的干货。数据会让人更信服你说的内容，提升认知难度感觉有数为证，有据可查，让听众运用右脑。

财经作家吴晓波的演说，你会听到大量的数据，比如他说到一种观点：现在很多年轻人宁愿去送外卖也不愿去工厂，从事制造业的人越来越少。

他是这样运用数据的：

> 根据艾媒咨询统计，自2013年到2018年六年间，蜂鸟骑手数量增长了31倍，与之对应的是，广州人社局在年前公布的2019年节后用工需求信息显示，800多家企业节后将空缺岗位近10万个。
>
> 一个门庭若市，另一个则是门可罗雀。春节后，能够回到制造业企业上班的工人，数量大约是去年的90%，而外卖小哥却逐年增多。
>
> 2015年，美团外卖骑手人数仅为1.5万人，但到了2018年第

四季度，日均活跃骑手人数已接近60万人，而饿了么旗下蜂鸟骑手的注册人数则早已突破300万人。

饿了么的全职骑手月均收入在8000元以上，算上兼职骑手，月平均也有4000元左右，能力出众的"单王"月收入甚至可达3万元。这组数字已远远超过2017年全国城镇私营单位就业人员月均薪资3813.4元。

而据新闻报道，2018年富士康工人的月平均工资为6000元，结合性价比，早已跑输外卖行业。更何况，普通的制造业工厂根本拿不出富士康这么高的工资。

以上数据支撑一个观点：从某种意义上来说，这场服务业革命倒逼着制造业升级，而制造业的升级，最终，又会在未来的某一时点，带动服务业发生进一步变革。

数据多么有说服力！

四、打比方，高深理论变成大白话。

打比方，就是把复杂的事，用简单的表述让普通人都能听懂！

它降低认知难度，提高亲和力，开启听众的右脑。

比如：什么是小品？

教材上说：小品是戏剧的一种形式，大众一般理解为笑剧。以夸张的手法、巧妙的结构、诙谐的台词以及喜剧形式刻画人物性格，从而达到滑稽的效果，对正常的人生和美好的理想予以肯定。

老百姓说：小品就是能把你逗乐的节目。就像《吃面条》《卖

公众演说是一对多的销售

拐》那样。

总之，通俗易懂。说人话。

金句让人难忘、数据让人信服、故事让人喜欢、比喻让人明白。

如果你能用好以上这四个工具，你的演说一定有趣有料，人们会觉得没听够，还想听！

七步成诗,随时随地即兴演讲

"请您说两句?掌声!"

在毫无准备的情况下,如何说?说什么?

多年前,我曾到昆明培训公司考察,没想到的是,一进公司,会议室里面坐了一屋子的人;主办方解释:员工们知道鹿老师要来,都想见见您,请给您大家讲两句!

事先没说啊!我看着一众年轻人热切的眼神,盛情难却,故作镇静,唯有开讲!

演说结束,朋友一边陪同我参观公司,一边说年轻人已经发了朋友圈,记住了鹿老师说的三句话:**坐下来能写、站起来能说、走出门能办事!**

这句话不是我的原创,而是我刚刚从事新闻宣传工作时,我的书记对我说的话。我记住了,并做到了。

可以随时从容即兴演说,我用到了"七步成诗"的方法。

公众演说是一对多的销售

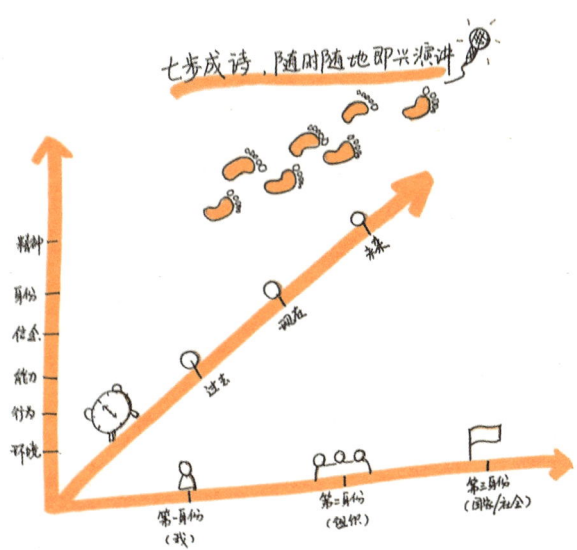

想象你的脚步在这几个点上行走,走到任意一个点,你都有话可说。

一、时间线

行走在时间线上,你必然会说:过去、现在、未来。

抓住时间线上的三点,出口成章很正常。我口说我心。比如我在自我介绍部分可以这样说:

我曾是央企的宣传干部,40岁离职创业,现在是一名职业培训师,同时还是一名职业生涯规划的咨询师、教练、畅销书作家、省三八红旗手、全国最美书香家庭获得者。目前从事的是自己热爱的、擅长的事业,助人、助己,幸福指数爆棚。我发起了中国幸福教练联盟，传播幸福的理念与技术，支持中国3亿女性获得幸福。

顺着时间线的过去、现在与未来，你就有很多想说的话，绝不会出现无话可说的尴尬。

二、角色的三点定位

你给自己一个什么角色，就会有什么样的定位，说出什么样的话。

你可以把自己放在个人、组织或社区、城市、国家的角度确定你讲什么。

比如你站在**个人的角度**怎么说？让大家都认识你、记住你。你是主角。

如果你站在**团队或机构、单位等组织**角度怎么说？这时你不再代表个人，而是"我们"这个集体。你的精神气质、你说出的话，往往是组织状态的表现。

你自己有故事、你的组织你的团队更有故事。

如果你站在**国家的角度**，如何讲？这就上升高度了。《战狼2》就是站在国家的高度来讲故事。一个人代表了中国军人的形象。

自己、组织、国家，你觉得在哪个维度上驾驭更自如，你就怎么讲。

三、通贯法

我们在处理任何事情的时候，都分为六个层次：

公众演说是一对多的销售

1.精神：当一个人谈及他的人生意义或者一家公司谈及它对社会的贡献时，便涉及"精神"的层次了。

2.身份：给自己定位，准备以怎样的身份去实现人生的意义。

3.信念、价值：为了配合上述的身份，我需要一套怎样的信念和价值。

4.能力：每一个选择都是一份能力，故此选择越多，能力越大。

5.行为：你做了什么？即能力的挑选和实际发挥，也就是在环境中我的实际运作。

6.环境：即外界的条件，世界上的种种人、事、物、时、地、金钱和设备等都属"环境"。

一个人做任何事，如果能将六个层次都一致连贯，他便会身心一致，全力以赴地去做，既开心，又有效果。

精神、身份、信念、价值、能力、行为、环境，这六个关键词，只要我们结合时间线和角色，在这六个词上做功课，你就有话要说，随时可以即兴演说！

通常我们是从后往前说的。先说环境，再说行为、能力，然后是信息、价值。你要给自己一个身份，你给自己一个什么身份，你就会有符合这个身份的表现。比如我作为家长、企业家、培训师、作家，不同的身份，演说时一定会讲不同的主题，否则就会很混乱。身为家长，我会说自己为什么关注家庭教育，遇到了什么困难，做了什么，现在有什么结果。中间我就用故事、数据去支撑，结尾加上金句让人难忘。如果作为女企业家的身份，我会讲自己的创业环境,如女性、中年、失败。接下来我会讲到自己的反思,如何提升自己的能力、做了什么事,做成了什么。比如开发幸福教练系列课程,包括职场、两性、亲子,在市场大受好评,很多人的事业与家庭因此发生改变。最后我会讲到创建机构是为了让更多像我这样的女性获得幸福,在物质与精神上都是自由的。我是幸福教练,我讲的都是我做到了。我愿意发出微弱的光芒,去呈现与照亮。支持3亿女性得到幸福,让我们活得明亮。后面把身份、愿景都说到了。

请记住即兴演说的模型,竖线是:精神、身份、信念、价值、能力、行为、环境。横线是:第一、第二、第三的身份。中间的斜线即是过去、现在、将来。

只要你在这12个关键词上思考,你的演说就会自然、流畅,既有深度又有高度,同时还有温度。

即兴演说,心里有了七步成诗的模型,怎么说都错不了。

轻松练一练

签名:　　　　　　　　　阅读时间:

1. 简招,即绝招。动笔写出自我介绍(100-300字)文字稿。

2. 你最喜欢谁的演说?是什么特质最吸引你?你可以借鉴到什么?

3. 如果你愿意,请背下你写的自我介绍。是的,背下来!聪明人肯下笨功夫,都是狠角色。

身在职场，如何说话

CHAPTER 07

职场即是修炼场。态度比能力更重要,语言是人最直接的感受。

首先你要知道什么是职场表达的大忌,其次你要知道如何正确的表达。先要用好"3秒禅",报告、反馈都何达到最好效果,甚至坏事变好事,统统有套路。

有话好好说,为职场加分。

做功课:了解他的喜爱与担忧

人在职场,身边无论是你的同事、上级、下级、合作伙伴,甚至竞争对手,都要有意识做好功课。

万变不离其宗:望、闻、问、切。

望:观察他。他的表情、行为习惯、做事风格。

闻:倾听他怎么说,能听出他的口头禅,透过语音语调感受他的性格。

问:提问,答案就在问题里。

切:有的放矢,切中要害。

人在职场,出现在你身边的人不可能都是你喜欢的,同时,他们也不会像家人一样包容你。如何与他们好好沟通与交流,把话说到对方的心里去,送给大家一个工具:将(将来与过去)爱(喜爱与恐惧)四象限。

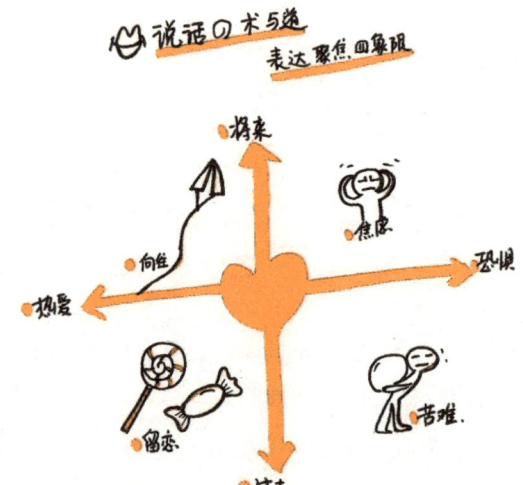

第一个象限：未来加恐惧。

这个象限的表象是焦虑。比如担心孩子不好好培养，以后上不了好学校，上了好学校找不到好工作，找到好工作找不到另一半，找到另一半又生不出孩子，生出孩子又不好养。

第二象限：未来加热爱。

这个象限叫向往，是人们的梦想与期待。外在是成功与财富，内在是良好的心态与智慧。

比如：孩子长大、得到投资、公司上市、新产品投项目完工、站在领奖台等。

第三个象限：过去加热爱，表现为留恋。

留恋什么呢？过去的岁月、成就、经历、恋情或友情。

比如我们看电影《新喜剧之王》，很多80后表面上冲着周星驰电影去的，实际上是为了感怀自己年轻时看《喜剧之王》的感觉，那时和谁看电影，那时是上学还是工作？那时在做什么，梦想是什么，都实现了吗？

第四个象限：过去加恐惧，通常叫苦难。基本上是痛苦回忆与心酸往事。

比如有人说在他面前不能提股票，谁提跟谁急。因为亏掉了半生积蓄。也有人说不要提起前任的名字，那个人让她伤痕累累。

了解对方的喜爱与担忧。与其交流沟通时就可随机应变。

领导担心什么：工作难度以推进、不能按时完成、资金不到位。

什么事让他开心：工作平稳推进，按时达成目标。

一位负责棚户区改造的基层领导分享她的汇报方式：

一、"如果我们还不推进，工作会越来越被动，资金、人员、考核……"提出困难，为领导分忧，争取支持。对于分工负责的棚户拆迁工作，向领导汇报如果推动不及时的后果是什么，时间节点是什么时候，表示自己计划怎么做。摆事实，讲实情，争取领导重视。

二、"我们已经做完了棚户区700户人家的摸底情况，现在每周现场办公……"这是让领导安心。前期做了多少摸底调研，每次会议都解决了什么问题，要上级部门争取了多少经费，如何分发等。

三、"到现在我们已经……没有您的支持与指导，达不到今天的效果。"呈现结果工作完成让领导放心。汇报时有数据,安置多少人,发放多少补助,结果无一人上访,得到群众的大力配合与支持,最终将功劳归功于领导,让领导开心。

　　了解对方的喜爱与担忧,你就知道话语在哪个点给力,而不是哪壶不开提哪壶。

身在职场,如何说话

模棱两可的话是职场沟通的大忌

人在职场,每个人都有自己的语言风格与做事风格。

如果没有,别人会感觉不靠谱,你最清楚那是因为自己都不确定。

20年前,刚参加工作时的一次亲身经历让我终生难忘。

我大学读的是建筑工程,本人并不喜欢这个专业,但父亲认为这是一个极好的专业,而且做好了会很有成就感,且受人尊重。

我毕业后在洛阳某局机关科技部工作。当时父亲希望我回到位于家乡的一家国企,朋友推荐我去集团旗下二级单位的机动部。于是我有机会面见总经理。

总经理只问了我三句话,我就被否了。

"你在上一家单位做什么?"他问。

"做设计、资料管理,有时也会描图。"听起来像打杂的。实际上我只设计过一张车库图纸。

"你对我们目前的生产工艺流程了解多少?"

"还可以吧。"

"'还可以'是个什么概念?"

我被这一句话给问蒙了,整个人杵在那里。其实对生产工艺流程我只知道个大概,根本说不清楚。

当然,我没能去机动部。

后来,我被安排到生产一线作业区。我开始写新闻、文艺稿件,作品陆续发表,又被借到机动部楼上的宣传部。我跟总经理很少单独见面,但他能在报纸上看到我的文章。

两年后的团拜会上,总经理与优秀干部一一握手,轮到我时,他说了一句:"小鹿,那时我不了解你。"

百感交集。一是我终于得到领导的认同,二是从那以后我不允许自己说"还可以"之类的话。我必须认真做事,每件事都要落实。

后来自己做领导,给下属布置工作,对他们反馈时说的话也深有感触。

布置任务给小李和小张:这个报告你来写,下午就去采访,明天拿出稿件,争取本周见报,有什么问题吗?

"我看看吧。"

"我争取吧。"

"嗯。"

小李的回答再配上麻木不仁的表情,潜台词是"我不一定能完成""我没信心"或"我不愿做",这些统统在领导心目中减分。

小张的态度与小李相反:

"我马上联系采访对象,准备采访提纲。下午去采访,明天一早拿出稿件,请您审稿。"

"稿件已发到报社,王编辑觉得文章选题很好,正是当前需要的。"

"报社朋友说看到报样了,明天头版头条。"

目标、方法、结果很清晰。换你是领导,你更愿意给谁机会呢?

说话模棱两可让人觉得不靠谱。

你的话即表明你的态度。人在职场,说话先要靠谱。会说话才会办事。

有情绪时慢三秒再说话

人在情绪下的表达往往失控。

说出去的话,泼出去的水。造成的后果难以挽回。

"这是主任给你的资料。"

"又来了,有完没完。"

"这么大声干吗,冲我吼什么?我又不欠你的。"

"是的,你是领导身边的红人,你们拿钱,加班的是我们!"

……

发现自己有情绪时,请咬住自己的舌头,慢三秒再开口。不必为职场的公事树敌,很傻。相反你要用温暖的语言不断鼓舞人,让别人成为你的朋友。最愚蠢的行为是用一句话把曾经的朋友推到对立面。

李科长曾经是我的同事,领导称赞他非常有才华,在专业领域非常有建树。但他在说话做事时的一些小小的行为,常使他的形象分打折。日积月累,终于有一天出大事了。

李科长在谈业务的过程中,认为对方做假,侮辱了他的智商。当时情绪激动,出口成"脏",并且掀翻了桌子。

当文件与水杯伴随着巨大的声响落地时,他后悔了,但一切都来不及了。

本来,他可以看破不说破,委婉地表达,给对方留有面子,也给双方的下一步谈判留有回旋的余地。

而他脱口而出的脏话以及大幅度的动作,让这场关系企业重大战略合作的谈判到此结束。

谁敢跟这样的人合作啊?

而平时李科长给人的感觉是温文尔雅的。原来是他早上出门前发现上初一的孩子昨天的作业没完成,不认真吃饭却玩手机,这让他勃然大怒。出了家门,他带着这种情绪来到办公室……

冲动是魔鬼。有情绪时请先咬住自己的舌头,别轻易开口。

从来没做过管理情绪的工作,当发生突发事件时,我们不懂得如何管理,任由情绪的火焰喷发,烧了别人也烧了自己。

先处理情绪,再处理问题!

在刺激与反应之间,有一个空间。这个空间越大,你自由腾挪的余地就越大。

凡事留有余地,天地才会广阔。

"凡事慢三秒。"曾经的领导这样对我说。

后来我知道这叫"**三秒禅**"。

我曾经在市级广播电台主持心理夜话节目。我在直播间,对面是导播间,我的声音三秒以后才会传输到城市的夜空。导播一旦发现内容上有不妥之处,会及时停止,并将广告推进。这三秒,即安全地带!

有情绪时请咬住你的舌头。

一、自我觉知：看，我生气了！

"自我觉知"就是像摄像机一样，跳出来看自己，从镜头里用另一个角度、另一双眼睛看自己。当你看到自己呼吸急促、提高嗓音、语速加快，有了夸张的表情与行为时，就提醒自己：STOP！

二、自我叫停：什么都不做，慢三秒。

暂停后做什么，什么都不做。不解释、不作为。哪怕三秒钟都好，这三秒就是自己和自己在一起。不听外面，听自己内在的声音。

三、自我对话：我该怎么对你？

这时请你把手放在你的胸口，呼唤着自己的名字发问：亲爱的，我该怎么待你？

曾经我自我觉知的方式是：生气时，就这么自问，亲爱的雯立，你怎么了，我该如何爱你？后来我发现是自己心中有嫉妒，不关别人的事。当我能正视自己的阴暗面时，也就放下了。

四、自我调整：先倾听，再开口。

当倾听完自己内心的声音，并能够接纳时，你才有能量去倾听别人，记住：**在情绪中，多听少说。**

做到以上四点，提升你的职场安全系数。

身在职场,如何说话

道路千万条,说话第一条。
出口伤人话,亲人两行泪。

话里话外都是"成就你"

"我想学习办公室里如何与人说话。"

"为什么想学习这个?"

"我一开口就得罪人,现在都不敢开口说话了!"

我特别理解,我年轻时也有这样的经历。

一是初入职场,谁都不敢得罪。二是努力表现,还不尽如人意。

在职场说错话的原因大多是只站在自己的立场思考问题,张口闭口都是"我觉得""我认为",对方听起来就没那么舒服,你把人家放哪儿了?

或许你可以说:

"你怎么看?"

"大家认为呢?"

"我能为你做些什么?"

一句话带给对方的感觉就不同。感觉对了,什么都对。感觉不对,处处是误会。

我的朋友张家瑞老师非常善于开发模型,在培训中往往得模型

者得天下。他指导的深圳选手周珂在2018年度"我是好讲师"大赛中,获得全国冠军。决赛时用的就是这个模型:

"成—就—你"

成:反馈任务是办成还是没办成。

就:办成,就会怎样。没办成,尚有可拯救(就)方案。

你:你(下级、同级、上级)对此怎么看?请你来选择。

无论下级、同级、上级,只要身在职场,就少不了沟通。如果你能处处为对方着想,就会得到彼此愉悦的反馈。因为三个字:成就你。

比如领导安排工会负责人小平联系鹿老师在三八节为产业园的女员工讲一场幸福课。

可是三八节已经临近了,小平得知:每年三八节是老师的讲学黄金档,档期早就排出去了。再说鹿老师的出场费也高出企业预算。

小平可以一句话回复领导:鹿老师3月没时间,再说她出场费也较高。

意思是不行了。偏偏她的领导很喜欢鹿老师的书,且一直听鹿老师的线上课程,很想近距离交流。这样答复领导,领导也说不出什么,只是不免失望。

如果换为"**成就你**"表达方式,不管最后结果如何,都会带给领导好感觉。

> 领导,我联系了鹿老师,很不巧鹿老师3月份的时间已经排出去了,不好意思,您交代的事没办**成**。

虽然这次我联系晚了点（实际上是领导通知晚了）没办成，但我还有三个**补救（就）**方法：一、可否提前与鹿老师预约5月劳动节的时间来为我们做培训？先排出档期。二、鹿老师的出场费高出我们的预算。或许我们可以引进鹿老师的幸福力系列课，形成长期合作，费用应该可以调整的，效果也会更好。三、除现有的讲学费外，我们读书会可以学习鹿老师的书，并为员工采购鹿老师的书，这样把鹿老师请到现场讲学，员工还可以得到作家亲笔签名。我跟鹿老师好好说说，她应该会答应。

领导，您来决定！

你看，无论最后结果如何，领导心里都会很舒服。

职场上任何一个合作者，都不喜欢被人轻易地回绝。要像打乒乓球一样，有来有往，几个回合交流下来才有价值感、意义感。重要的是多了交流的过程。

通过你的话，让他感觉到被尊重。你认真完成他交代的事情，不管事是否办成，他都看到了你的态度与能力。

温馨提示：**有话好好说，无论对上对下，还是话里话外，都要让对方感觉良好。**

这个神奇的语言模型即：

成——就——你。

好声音、会说话,一样都不能少

人在职场,良好的声音形象真是无形的财富。

职场压力大,人们都喜欢和颜悦色的脸与温和清晰的声音。

声音是人的另一张名片。通过声音可以感受一个人的性格与修为。声音好听的人,都比较好看。这是有原因的,人在微笑时发出的声音与平时是不一样的。播音员都要训练抬脸上的笑肌说话,声音要友善亲切。

我曾在职场上遇到大嗓门的人,感觉很不舒服。

"您能不吼吗?"我说。

"我没有吼,我就是大嗓门。"她回。

人在职场,不是环境适应你,而是你要适应环境。

有一次学员报名课程,得到一个反馈是:鹿老师讲我就来。另一位老师讲不来。

怎么会这样?那位老师同样专业、优秀。

因为他的声音像审判官,标准也很硬。但鹿老师的声音很温和,即使看不到,都感觉是在笑着跟我们说话。

有一次,我去朋友的联合办公室。

听到一位女员工打电话,与客户交流。声音甜美温和,表达清晰有力。

中午午休时,几个相邻座位的人闲聊。这位女员工说她这个月可能就要被辞退了,因为她三个月业绩未达标。当即就有老板说:到我公司来,我这里有适合你的工作。你有的,就是我缺的!

不知后续结果,但好声音总是受欢迎的。**好声音带来好运气。**

还有一位朋友,她在电话里,因为声音好听,已经给对方留下良好的印象,面试时发现她身高不够。可人力资源经理却破例留下她,除了她热爱这个岗位、专业素质优秀外,好声音为她明显加分。

相反,如果在职场,一个人还不能说一口标准的普通话,或者是大嗓门,都会减分。比如很漂亮的一位女职工,一开口就是方言,这就不符合职场的要求。亲人朋友相聚,尽可展现方言独特的魅力,但在职场,请一定要用普通话。

好声带好运,好话带好命。

我们一直在说如何好好说话,这里还有一点温馨提示:要用大家达成共识的语言。

客户来营销部办事,因为前面还有工作要交接。工作人员一边倒水一边对客户说:

"您稍等,先坐这儿吹会儿牛。"

"我说的都是实话,从来不吹牛!"对方严肃认真地说。

"对不起,我说的'吹牛'就是聊天的意思。"工作人员急忙解释。

这些区域内的表达常会让对方感受很懵,虽然你并无恶意。但有时你费力解释,效果并不理想。

与其这样,不如一开始就避免。

职场沟通交流,好好说话,说好话。同时,声音也同样有表现力。**好声音与会说话,就像孪生姐妹,相互影响。**

签名: 阅读时间:

1. 录下自己的声音,感觉一下与自己以为的声音有什么不同。

2. 连续录下自己2—3小时在职场中说的话,能否发现自己的口头禅(最常重复的话或词),请把它们用笔记录下来。

3. 找到口头禅（如：嗯、啊、然后、那么等），思考如何改变，让你的语言听起来更干净。

扫码收听鹿老师的有声课程，配合本书学习，收获翻倍！

别对家人飙狠话

CHAPTER 08

> 我们往往对外人说话很客气，而对家人常会尖酸、刻薄、口不择言。

> 每个人心中都有个情感银行，家人也是如此。问问自己说出的话是存款还是提款？

> 家是我们蓄能的地方，是亲人彼此滋养的地方。嘴上有一家人的风水。

> 本章让你知道如何读懂爱的语言，如何表达爱。如何换一种方式表达抱歉或感谢。

别对家人飙狠话

爱他,就别说让他伤心的话

有人说:家是幸福的港湾。

也有人说:家最伤人。

它们就像硬币的两面,真实的存在。

每年春节,地球上最大的人口迁徙在中国,理由只有一个:回家过年。

有时又不想回家,因为家最伤人。**最刻薄的话往往都是最亲的人说出来的。而那种伤害,总是准确地击中人的软肋,一打一个准儿。**

家和万事兴的理儿,都懂。

但家家有本难念的经。

我们在外对别人说话客客气气,转身面对家人时常常口无遮拦,肆无忌惮。

问一问自己:你可说过让家人伤心的话?

我们常常一吐为快,忘记了自己说了什么。那时我们更在意自己的感受。

因为我们只站在自己的立场说话,根本就不给对方机会。其实，不给家人机会，也就是不给自己机会。

如果丈夫能理解妻子的气话，或许可以顺着妻子说："是啊，我这人真是不配。这次星期天我做你吃，老婆辛苦了！"

生活总要继续，不能抱着对方的不是不放。

我在咨询中遇到很多女性非常痛苦，她们抱怨另一半：**他在经济与精神上都帮不上我。**

小丽是大型超市业务总监，精明能干，开朗大方。但她内心并不快乐，说起丈夫就是一肚子气。

"家里家外什么事我都做了，要他何用？"小丽眼里只有自己做的事，看不到丈夫为家庭的付出，丈夫虽没在事业上打拼，可他更在意照顾家庭。可小丽看不到他的价值，还从牙缝里蹦出了一个词："懦夫"。

这个词用在男性身上，该有多么大的杀伤力。

这位"懦夫"身高一米八，非常包容她。

小丽在全家人眼中的形象：趾高气扬，飞扬跋扈。

一次婆婆看不下去了："你不就是多挣俩钱吗？"

这话惹火了小丽：现在挣钱容易吗？加班是常态，关键还有来自四面八方的压力。居然说出这样的话，太扎心了。

一句话，让她完全忽略了婆婆为家庭的付出，留在她心里的只有对婆婆的怨恨，她从此不再与婆婆正面交流，只用"嗯""啊"来回应。

小丽的儿子放学不愿回家，因为看不到妈妈的笑脸，听不到妈妈的鼓励，只会听到她不断地说自己好累。

在这个家里，谁做错了？

小丽出力不讨好，全家人与她为敌，好委屈。

丈夫是性格所致，心有余而力不足。

婆婆心疼自己儿子，保护儿子是母亲的天性。

最无辜的是小丽的儿子。

其实家真不是个讲对错的地方，更不是讲理的地方，而是讲爱的地方。

小丽可以胜任高难度的工作，那是源于她的能力与责任，源于她对家庭的爱。

这个家里最具有改变可能性的是小丽。她可以做最积极的干预者，被干预者的状态是由干预者决定的。

在家庭中的冲突，从来都是伤害别人，最终伤的是自己。我们不知道自己有哪些需求未被满足，潜意识希望得到亲人的重视。如果亲人没有恰当地反馈，我们就会无比失落，再次把负面情绪反弹回来，形成恶性循环。

所有家人的伤害，都是无心的，却是强大的。

我小时候，妈妈经常手工给我做漂亮的衣裳。每次做好新衣，她都会让我穿上新衣在房间里走来走去，欣赏自己的作品。

渐渐长大的我不想让她这样摆弄我了，我不愿意在房间里走来走去。

每次她都会对我说："还是亲妈好吧？"

那当然。

每次她都这么问,我都答烦了。

"要是妈妈不在了,以后谁给你做新衣服啊。"她问。

"那咱就只有买了。"我真没多想。

母亲就哭了。把我吓到了,不知道为什么。没人做衣服,可不就只有买吗?

直到父亲回家后,母亲还在哭。父亲安慰她:"孩子还小,不懂事。"

确实不懂事。

妈妈想听我说:"不,我要妈妈,我要永远与妈妈在一起。"

可即使剧情重演一次,我也说不出这样的话。

长大后知道,妈妈是孤儿。父母双亡,她和哥哥、妹妹分别寄宿在叔叔、姑姑家。亲人对他们都很好,可她心里知道那不是自己家,她要懂事乖巧。

有时故意,有时无意,我们对家人说出的话,很伤人。

当我们能跳出来看这一幕幕时,就知道自己的话语多么伤人啊。

小孩子不懂,但她在观察大人。

成人需要学习,在掌握方法之前要前有态度:**知道重要,愿意改变。**

正因为如此,才给自己提个醒:在家里,对亲人好好说话。

无论如何,下辈子再也不会遇到彼此了。

别对家人飙狠话

想一想:
我可曾说过让家人伤心的话?
我真正想表达的是什么意思?
我应该怎么说更合适呢?

爱他，就给句暖心的话

家庭中常有这样的现象：干活多的人不一定讨好，而会说贴心话的人通常很受欢迎。

干活多的往往聚焦于事情本身，会说话的会关注家人的感受。

现在很多卖保健品的组织专门针对老年人。葛优、蔡明、潘长江在"春晚"中表演的小品《"儿子"来了》中可见骗子瞄准了两点：一是老年人怕老怕死，于是他就兜售所谓的健康，从吃的到用的全都有。二是老年人缺少子女关怀，于是他们叫叔叔阿姨爷爷奶奶为"我亲爱的父亲""我亲爱的母亲"，叫得比亲儿子还甜，每一招都点中老人的穴位。

而做子女常常对父母不耐烦，于是骗子才有了可乘之机。

我们常常没有耐心与父母好好说话，我们没耐心跟伴侣好好说话，我们也没耐心跟与孩子好好说话。

家庭第一，在家中好好说话的人离幸福更近一些。

爱他，就给他一句暖心的话。

在《诗词大会》上我看到一对年过七十的老夫妻，丈夫在现场用诗词表达对妻子的爱，妻子流泪了：他以前从来没对我说过。

别对家人飙狠话

女人就希望他能哄自己,甜言蜜语听不够。

我的朋友年就会哄父母开心:

> 父亲老了,观念也陈旧。现在腿脚不好,整天在家看电视,看到电视剧不顺眼的角色就会批评一顿。要是以前,我会说他不懂,甚至懒得跟他多讲。现在看着孩子一年年长大,父母一年年老去,开始懂得珍惜。反正也不是什么大是大非的问题,没有什么好扯的。只要老爷子乐呵我就配合他,一唱一和,让老爷子高兴就行。
>
> 陪老爷子看电视,尽是手撕鬼子的剧。
>
> 爸说:这个汉奸真不是个东西!
>
> 我说:下集他肯定完蛋了。
>
> 陪老爷子聊天,他突然提到我媳妇染了头发。
>
> 爸说:太不像样子,老祖宗给了黑头发,她偏染成黄色,难看死了!
>
> 我说:爸,她这样太差劲了,我回去跟她离。
>
> 爸说:那倒也不必……
>
> 啥叫孝顺?就是把老爷子逗高兴了,比啥都强。
>
> 投其所好,他爱听啥,我就说啥。

这是一个活得明白的儿子。

对老人是这样,对孩子同样是这样。

你的人生
是你"说"出来的

孩子给妈妈打电话：

"妈妈，你到哪儿了？"

"干吗？"

"你到那儿了吗？"

"你好烦。催什么催，我在骑车，在回家的路上。"

电话挂掉，一个人在家的孩子在抹眼泪。视频记录了这一切。妈妈完全没有想到孩子的反应是这样，她诧异：怎么会这样？

她反省，或许该这么回答："宝贝，妈妈在骑车，在回家的路上。你再等一下，妈妈马上就回来。"语气里充满安慰。其实，女儿要的就是这个。

我的女儿也是这样，很黏妈妈。

在我写书稿的日子里，她轻轻推开书房的门，站在门口。

有事吗，宝贝？

我爸吼我。

爸爸为什么生你气？

两篇作文没写。

宝贝那你打算什么时候去写？

他要像你这样说话，我早就写了。

可那是你的作业啊？

你能让爸爸抽空看看这本书吗？

我接过来，是几米的《我的错都是大人的错》，其中几页还折过。

别对家人飙狠话

我心疼孩子,也理解先生。同时我也清楚先生这时听不进我说的话。

递上几米的绘本,请先生看。

小孩宁愿被仙人掌刺伤,也不愿听见大人对他的冷嘲热讽。

我知道我不是一个完美的小孩,但你们也从来不是完美的父母。所以我们必须相互容忍,辛苦坚强地活下去。

如果我变成一个令人失望伤心的小孩,你还愿意爱我吗?

……

先生的怒气消了。

我对女儿说:妈妈永远爱你。你要安排好自己的假期。

女儿对我说:谢谢你,我伤心时,妈妈总能安慰我。

生活不易,我们每一个人都需要安慰。何况是对亲人。

简单粗暴是爱,和风细雨更是爱。

始终记得你是在跟谁说话、建立连接,呼应他们的呼声,说出他们想说的话:

了解他们的恐惧与喜爱。

男人怕穷,女人怕丑,小孩怕笨,老人怕死。

话理不糙,全是大实话。

记得你跟谁说话:

麻烦的孩子,让父母变成伟人。愚蠢的父母,让孩子变成智者。

想一想,缓一缓……

别对家人飙狠话

简招即绝招：你只需说这四句话就够了

如果亲人的交流进入僵局怎么办？

告诉你一个简招，用好了，它就是绝招。我就践行者。

天下最难沟通的关系是婆媳关系。

我的婆婆今年已经90岁了，她是我真心钦佩的女性。她有5个女儿，一个儿子，在自己没有稳定工作、丈夫又英年早逝的情况下，她把孩子们培养成医生、教师和会计师。

她给我讲过自己在艰苦岁月中的故事。一次乡亲悄悄告诉她：今晚要开你的批斗大会，你没有出满勤，要扣你的工分。婆婆得知后，把自己收拾得整整齐齐，提早到了会场，她主动先上了台。

她在台上感谢乡亲的帮助，讲述自己带儿女的艰辛。

这时村干部来了，问台上的是谁，一听她的名字，就打手势：快下来！

婆婆用行动将批斗会开成了诉苦会，赢得了乡亲的理解与同情。我跟先生说，婆婆如果要去干革命，一定是优秀的女干部。

而我就是优秀女干部，两个优秀的女人在一起，不一定和谐。主要原因是带孩子，她总给孩子喝稀饭，我觉得营养不够，且她做的食物太咸，我担心对婴儿的肾不好，她却说有咸才有味。给孩子穿衣服，她不知拉拉链……

当时先生在外地工作，我带着80岁的婆婆与8个月大的女儿一起生活。

婆婆从不认错，但她会做一道你喜欢的菜放到你面前。现在读懂这是"服务的行为"。

造成我们痛苦的，不是问题本身，而是我们对问题的想法。

好在我是一个爱学习且一直有行动力的人。

痛苦大多来自无法接受的事实以及对他人的要求和批判。其实你自己才是唯一的根源。一念之转的四句话是非常好用的方法。我学到，就立即在婆婆身上用。

我编辑了一条短信，发到五姐的手机上，请她转达给婆婆：

妈，您辛苦了。谢谢您为我们做的一切。我平时工作太忙，初为人母又没有育儿经验，多谢您的帮助。我做得不对的地方请包涵，对不起，请原谅。谢谢您，我爱您。

儿媳：雯立

既然我是一切的根源，那我就先改变，先做功课。同时也想知道四句话是否有用。

随后又进入忙碌。几天后我回到家，居然收到五姐转来的婆婆的亲笔信。我的婆婆年过80，眼睛不好，但她居然给我写信！姐姐说写了两遍，第一遍铅笔打草稿，第二遍用钢笔抄写。

别对家人飙狠话

亲爱的小鹿：

　　昨天女儿告诉我小鹿给妈妈发来了短信，她一一地读给我听了。小鹿真是宰相肚里能撑船。只说了我的优点，缺点一个也没有吗？不！老妈缺点可多呀！老妈个性强、不服输、一根筋，不但在儿媳面前是这样，在儿女面前也是这样。对不起！现在老了要加速改正缺点，哈哈。老妈真是可笑又可悲啊。望谅解我吧！

我简直不相信自己的眼睛。我以为老顽固的她，居然会主动说自己个性一根筋。

真心感动，眼泪流了出来。我不知道自己在她的位置能否做得比她好，突然好惭愧。我给婆婆打通了电话：妈，看到你写的信了。真的**对不起，请原谅，谢谢你，我爱你。**

原来这四句话真的这么神奇，它为我的困顿关系松绑了。当我们不便当面开口时，可以发信息。如果你有足够的能量，说出它们会更有能量。

为了自己和家人的身心健康，我开始做一念之转的练习。这四句话，让自己和家人活得更自在。

生活处处都是修炼场，这个方法我越用越熟练。

有一天我一位外地学员打来电话：我快撑不下去了！

她是一位非常有才华、有进取心的教师。刚刚生了孩子，出了产假即投入工作，她有了知识焦虑，生怕落后，她开了自己的公众号，还开始招生办线上微课。她努力向上的行为不但没有得到家人认可与欣赏，反而受到了冷眼。因为公婆都认为这时她的时间与精力都应放在照顾孩子上,她这么做是对孩子和家庭的不负责任。家里没有一个人欣赏她做什么公众号与线上课程。她说:在他们眼里,我所有的努力都是虚荣,我是不负责的妈妈。偏偏这个时候孩子病了,我爸查出癌症。老师我可怎么办?

我当时正准备出门,因为马上要开课了。我对她说:亲爱的,晚上你再打电话来,我现在要上课。但一个方法,或许能帮上你。

我传授给她零极限的四句话。试一试吧,万一有用呢。

当晚她没有来电。第二天早上,微信里我收到她深夜发来的长长的信息。

> 亲爱的鹿老师,谢谢你!你教给我的方法太好了。我实在开不了口,就给老公发了短信,用这四句话表达了我的歉意,是我没有处理好现阶段的重心,让家人为我操心,孩子没照料好。同时我表达了对他们的爱与感谢。
>
> 我老公给我回信了,他的一句话就让我倍感温暖。他说:"孩子他妈,辛苦了!"老师,我一看到这句话就流泪了。
>
> ……

我也被深深地感动。**人人都需要被看见、被理解、被肯定。**

当我们表达时,先说出这神奇的四句话时,一切都有可能改变。

打破亲人沟通的僵局,四句话就够了。你可以试试,或许现在就给关系紧张的亲人发一条写有这四句话的信息,看看会发生些什么?祝福你!谁先主动,幸运之神就站在谁这一边。

别对家人飙狠话

你要读懂爱的语言

"你认同过我吗?哪怕半句。无论我怎么努力,你都不会称赞一句。"

说这话的人,是多么渴望得到亲人的认同啊!

而我们对最亲的人却总是吝啬说出美好的话语,一位朋友至今对母亲耿耿于怀:小时候总是讽刺打击,拿他对比别人家的孩子,还说他"打着灯笼都找不到优点",后来他都不想回家了。

有时我们心里明明是爱,却不善表达。父亲晚年腿脚不好,脾气不好,都是母亲在身边精心照料。他常常当面指责母亲这没做好,那没做好,而母亲不在眼前时,他会对儿女说你妈真不容易,我们提醒他:这话你要当面说给我妈听啊!

无论是老人还是小孩,都喜欢甜言蜜语。

"爱我你就夸夸我",不仅是孩子的心声,还是所有人的心声。

不会夸人,一是我们的文化倾向内敛,习惯把爱深埋在心里。随着生活节奏的加快,爱真的需要及时表达。二是我们根本就没有看到对方的优点,所以没话可说。甚至现在的年轻人把怼天怼地的说话方式视为时尚。

其实我们都是人，是人就需要爱，需要表达与反馈。

如果亲人不善表达，别动不动就说你受伤了。事实上，你更要成为最会表达的那个人，同时去影响你的家人，说出彼此的爱。

如何成为一个招人爱的人，本书有黄金话术、技巧和工具，这些立即用就立即有效。除此之外，还要温馨提示的是，除了夸夸他以外，你还要读懂另外四种爱的语言。

"叫宝宝，给抱抱，买包包。"这是通俗易懂的说法。

赞美的语言、身体的接触、精心的时刻、服务的行为和礼物，这是书面语言。

听觉：夸夸他

无论多大年纪，家人都希望他是你的宝贝。再多的溢美之词涌来，他也乐于被淹没。美好的语言比任何保健护肤品都滋养人。对爱匮乏的人是无法传递爱的能量的。

你的话语给出的是爱，会得到更多爱的回流。

触觉：抱抱他

抱抱他，当然你也可以亲亲他！

我们身体最大的器官是皮肤！我们肌肤的每个细胞，都渴望爱。有研究显示，人们拥抱达到21秒，整个身体与内在感觉都会发生变化。

"我和妈妈从不拥抱。"一位大学女生对我说。

"为什么？"我问。

"我妈不知道，小时候我要她抱抱，她说了一个字，我就再也没有跟她拥抱过了。"

"什么字有这么大了杀伤力?"

"那是夏天,我妈推开我,不耐烦地说了一个字:热!"

"亲爱的,妈妈一定是无心的!"

她哭了,我情不自禁把她抱在怀里。

有一次我讲到这个案例,有一位年轻的女企业家下课后找我。

"老师,我跟我妈也是这样,我们从不牵手。"

"为什么?"

"小时候我喜欢吊着妈妈的胳膊,感觉特别幸福。有次我伸手又去够她的胳膊时被她甩开,并说:女孩子家家,好好走路!"

"那你现在想牵妈妈的手吗?"

"想。"

我知道这份童年的经历,对她影响很大。牵妈妈的手对别人来说是轻而易举的事,对她而言却是一份功课。

我主动去牵她的手。

我突然想起我与朋友一起在国家大剧院看话剧,人太多,我们不由牵起了手,她抬起牵着的手说:这只手软软的,暖暖的,我要好好珍惜这个人。

后来我们不约而同出差到上海,她居然为我改签机票,改到与我同机场、时间相近的航班。我们在人群中一前一后地走着,她在前面听见我说话的声音转过身来。我好感动她为我做的一切!她说值得,分别时还送我一支手霜,并说:"这个牌子的特别好用。"

这就是爱的语言:**肯定的话语、肌肤接触、精心时刻、服务的行为和礼物。**

夸夸他、抱抱他、为他做事、给他精心时刻、给他礼物,她都做到了。感觉不是亲人胜似亲人。

这一切我收录在每天都在写的《鹿雯立365天语言觉察日记》里,这就是爱的语言。

视觉加心觉：为他做事、给他精心时刻、给他礼物。

有时我们要读懂家人,他们可能没有夸你,却心里有你,乐意为你做事,为你跑腿,为你做饭,为你照顾亲人,这都是爱。

语言是爱,行动更是爱。

如果是在纪念日,还有特别的礼物,就更好了。礼轻情义重,礼重情更重。关键是走心。

他爱你在心,口难开。你也要读懂爱的语言。

我的先生非常不善表达。他的表现除了夸我,什么都有。

他不主动,我就主动一点了。

"I love you！"

"Me too"这是他最配合的表达了。

有时他不答,我会追问：你Too不Too?

"Too！Too！"估计他也快吐了。不过习惯彼此的风格就好了。

感谢他,如果不是他,我不可能冬天早上睡到7点才起床,且起来就有做好的早餐。如果不是他的支持,我不可能集中精力在热爱的事业上。如果不是他,女儿的成绩不会进步那么快。

从自己的口中永远说出有能量的话,同时读懂家人对你的爱之语。

别对家人飙狠话

爱要好好说

妻子一早去买菜,回家后笑眯眯对丈夫说:今天买了新鲜的鳜鱼。下班前来个电话,我算好时间清蒸。你一进屋就可以吃饭了。

丈夫愉快地答应了。

丈夫也照做了,离开办公室前也打了电话:老婆我下班了。

不巧的是门口遇到了老板,向他了解了一些事情,一不小心半小时过去了。

妻子在家完成了清蒸鳜鱼的大作,左等右等等不来,打电话不接。眼看着菜凉了,心也凉了。

丈夫一进家后看到一桌菜,马上解释,万分亏欠,求妻子原谅。

"你这人就不配吃好东西!"

"我就是不吃,也不想你用这句话来噎死我。"

原本是爱,一句话就变了味道!伤人伤己。

或许你是故事中的妻子,也会生气,你会怎么说?

不妨试试超级有用的三步法:**慢、顺、移。**

第一步：慢三秒。

正如谈判，先开口的往往沉不住气。你当然可以允许自己生气，丈夫回来了，不要一进门就不听人家解释，劈头盖脸地一顿数落。

不指责、不攻击、不抱怨，对方越深感辜负你的深情厚谊。

想开口前慢三秒，给自己的思维一个空间。

你留意过电视里的各级政府的记者招待会吗？回答记者提问时，发言人少有快人快语，回避针尖对麦芒的情况发生。因为那只会激化气氛，而且不利于问题的解决。

慢三秒，也是一种禅修，它为你和对方争取到缓和的机会。

它是自我控制，是修炼。

第二步：顺着他。

对方一定会解释，允许他把话说完。

顺着他，说是的。或许你可以说：菜凉了，我去热一下。可能没有那么好吃了，你要包涵一下哈。

这时对方不仅惭愧，且更加感谢你了。他通常会主动表达以后要如何如何。

当对方表达将要如何如何时，你不妨顺势表达你想说的，并提出请求，当场达成口头协议。

第三步：转移话题。

如果你能理解他，而不是针锋相对，不妨转移话题。

这里经典的案例就是周星驰的电影中的一段对话：

妻："你在外面受了委屈，凭什么回来对我大吼大叫？"

夫："我就是对你大吼大叫，怎么了？"

妻："我不干了！"

夫："你走啊！"

这时妻子转身取衣服要走，她停了三秒，转身看着丈夫。

"哎，你饿不饿，要不要我煮碗面给你呀？"

丈夫抬头愣在那里三秒，缓缓地站起来走向妻子，抱住她，两个人什么都没说。

这里智慧的妻子巧妙地运用了转移法，一句话气氛发生了180度的转变。

一慢、二顺、三转移，不妨一试。

如果自认修炼还不到家，也可以发一通火，让自己的情绪有个出口。

记住两个关键：

不贴标签，不翻旧账。

你的人生
是你"说"出来的

轻松练一练

签名： 阅读时间：

1. 你最喜欢家人（伴侣、父母或孩子）对你说哪一句话？是否愿意告诉他。

2. 你最不喜欢家人（伴侣、父母或孩子）对你说哪一句话？尝试以哪种方式让他知道。

3. 在家中，有爱要好好说。训练三步曲：一、觉察；二、调整呼吸；三、放慢语速。

先倾听后开口

CHAPTER 09

听在前,说在后。与人交往一定要懂得这个理,管好自己的嘴。

受欢迎的人并不一定是口若悬河、口吐莲花的那个人,而是懂得倾听的人。

如何听到对方的情绪、需求;如何适时提问、总结并反馈?

本章分享的倾听3个层次,或许会让读这本书的你受益终生。

先倾听后开口

有时听比说更重要

能言善辩的人很厉害,懂得倾听的人更是沟通的高手。
我听到一段懂得倾听的美好故事。

我当时内心有好多委屈,我就讲给他听,他听了整整两个小时。他不仅用耳朵听,他还用眼睛听,目不转睛地看着你。他不仅用眼睛听,他还用表情听;他不仅用表情听,他还用声音听。不时地回馈"啊""哦""原来是这样"。我发现他好会提问题,而我好会回答问题啊!就这样,我们聊了一晚上。他一直在意我的利益、我的感受,遇到这么在乎我的人,我决定与他合作一辈子!现在我们已经合作了十年了,我们一起共同创造了很多行业的奇迹。

倾听,多么有力量,于无形中收获一个人的心。
高品质的对话不仅是你来我往的交谈。一定有一个人能说,同时有一个人懂得倾听他的话及背后的心声。比如心理师、教练,他们的工作就是说话。而大多数时候,都是来访者滔滔不绝地说,他们大多数时间在倾听。唯有耐心地倾听，才能听到语言背后的心理诉求。提一个好问题，仅一句话就能点中对方穴位，引发来访者的反思。

前提是，**先倾听、后开口！**多听。用耳朵听、用眼睛听、用表情听、用声音听。对方能够感觉到。

有人问我：你知道自己最大的优点是什么吗？我当即回答：能说会写。毕竟做了多年的新闻宣传工作，岗位锻炼也磨出来的。而我的合作伙伴却说：亲爱的，你的倾听最美。

人人都需要被人看见、被人听见。

如果你能看着对方，表情专注地听对方把话说完，对方会感受到被理解与被尊重。

我曾经在妇联做心理援助志愿者，基本功是：懂得共情，有足够的耐心倾听。

来访者在生活中遇到矛盾无法解决，感受自己孤立无助。通常她们是带着很大的情绪，需要有人替她当家做主的。这时你需要做的就是让她先冷静。

喝杯水，慢慢说。这是情绪上的安慰，她感受到被尊重。

拿出笔和本子做记录，时间、人物、事由。让她感受到被重视。

然后就是听她讲。被人倾听的感觉非常好。

无论她情绪多么激动，都不要打断她。给她一个情绪宣泄的出口。

当她有情绪时，给她倒水。哭了，给她递上纸巾。还要温和地

先倾听后开口

问一句:"**后来呢?还有吗?**"表示你关注她的事,在意她的状况。

如果她反复说些车轱辘话,你要借递水或纸巾的动作时做个停顿,复述一下她刚才说的主要内容,然后问:"**是这样吗?**"

如果你打断她:"你到底想说什么?"这样会把她的情绪堵在那里,如果情绪没有自如地宣泄,她难受的状态有可能反弹给你。

如果是家庭矛盾,通常她说出来,一吐为快,心里就顺畅多了。你的疏导只需要几句简短问话就够了:

这种情况都是对方的原因吗?

你愿意为解决问题做些什么呢?

你打算什么时候做呢?

很多人发泄出情绪,自己就明白了很多问题。她需要一个好的听众,她需要被理解。

当然也会有些具体问题是你根本无法解决的,你可以引导她自己思考如何解决问题,有没有更好的方法。人通常只有先疏导了情绪,才能理性地聚焦于问题的解决。

而我们要做的就是那么简单:倾听。

看起来很简单,但大部分人是没有耐心地做简单的事。

我们对孩子:你说上句,我就知下句。

我们对父母:太啰唆,都是些陈谷子烂芝麻的陈年往事。不爱听。

我们对伴侣:好累。懒得说。

我们对伙伴:你听不进我的建议,那我不讲好了。

有时我们没有耐心去听别人说话。有时双方进入冷战状态，我们连倾听的机会都没给对方，于是就陷入僵局。

沟通，需要表达、反馈。

能耐心听别人说，是一种修为。

我曾参加一个名为"无声的对话"工作坊，那是在关闭听觉系统的情况下，努力与对方交流。有时你急得眼泪出来了，对方还是不明白你到底在说什么。

当我们耳聪目明时，请珍惜老天的恩赐，用好你的耳朵。你可以听到大自然的声音、听到音乐，还有复杂的人声。

别辜负老天给你的耳朵，用心去倾听。

有时听比说更重要。我们跟家人或工作伙伴在一起交流时，你的倾听，是给对方最大的鼓励：请说下去，我愿意听。

内心安静，才有耐心听见别人说了什么。也许他说的是平面，他内心还有没有表达出来的，这就需要你用心去倾听。

倾听，是大美。

倾听，是功课。

倾听，是修炼。

先倾听后开口

如何听出弦外之音

中国人表达含蓄，往往话里有话。如果你能听懂，让双方都有面子，给彼此一个台阶下。如果听不出，那就尴尬了！

如果对方说"我有些累了"，意思就是我想休息了，我想安静一下。这时你还要让人勉为其难地再做些什么，就不合时宜了。

就像众所周知的女人说"我肚子痛"，它的潜台词是"我需要你的关心"，而伴侣回答"多喝热水"就会让人大失所望。

女人发一大堆牢骚："家务活累死人。"

男人说："不想干就别干，休息一下。别整天碎碎念。"

女人听了就很冒火："休息完了，这些活还不是堆在那儿！"

其实男人只需一句："辛苦了。我来帮你。"

听不懂对方语言背后的意思，往往觉得对牛弹琴。

话都说不到一块，一起生活或共事就会很难受。

我的朋友是位优秀的老师，他的群里有人在发什么"是中国人的，请转发！"他很遗憾这位家长没有独立思考，还在不动脑地转发这些文章，破坏了整个社群的和谐。如果把家长移出群，不合适。不表达，她可能还会有下次，而且这也不是第一次了。态度必须明晰，同时还要考虑对方的感受。最终他是这样表达的：您让我想起米兰·昆德拉曾说"我们只有在安全的时候才是勇敢的，在免费的时候才是慷慨的，在浅薄的时候才是动情的，在愚蠢的时候才是真诚的"。

我不知道这位家长是否能懂。有时与不在一个频道的人交流是痛苦的。因为他不懂你在说什么。

正因如此，我们才要学习。

有修养的人会委婉表达，给自己和他人都留有余地。如果听不出来，就需要学习了。

如何听出弦外之音？

一、感受对方的态度。

如果一个人说："我不想活了。"其实他想表达的是：我怎么才能活得像个人样。

如果有人说："我的孩子考上了某某名校。"其实他想表达的是：我的孩子很厉害，祝贺我吧。

如果父母说："你怎么回家也不跟我说说话？"其实他想表达的是：我很想你，我很寂寞。

如果妻子说："你就在外面陪你的狐朋狗友吧。"其实她想表达的是：我很需要你的陪伴，希望你能多陪陪我。

感受对方的态度，就能轻易听出话中话。这样沟通才有针对性。

二、清晰话中的内容。

中国的语言艺术博大精深,同一词语可以根据不同的情况有多种不同的说法。不便明说的通常以话中有话的方式表达,要求你心领神会。

有这样一段历史故事:东汉光武帝刘秀的姐姐在丈夫去世后,看中了一位朝中大臣,但此人有妻室。这令刘秀十分为难,如果直接询问,被对方拒绝,自己和姐姐的面子往哪儿放呢?

刘秀试探这位大臣:俗话说"富易交、贵易妻",你怎么看?这句话的意思是:人富了要换一批朋友,地位显贵了通常也会换妻子。结果对方回道:贫贱之交不可忘,糟糠之妻不下堂。

刘秀大大称赞了对方,心里明白其意。也就没再提姐姐的事,给自己和他人留足了面子。

三、明白暗示。

曾经我的领导因私事找到我,问我最近忙不忙,写了什么文章,看了什么书。

不回答封闭性提问,即忙还是不忙。可以说说最近读了什么书。看领导到底要表达什么。

领导说:"我女儿很喜欢文学,我看了她上高中以来的作文,觉得写得还不错。"

这才是关键。我顺着话题:"我高中时就很喜欢写作文,很想拜读一下现在高中生的作文。"

领导终于表达:"你给企业编的刊物很好,能否抽空看看我女儿的作文,我觉得她写得真的很不错。"

"您真是用心的父亲!我很想看看您女儿的作文,我读书时一直爱写作文。"

这位在职位上比我高几级的领导,这时候就是一个普通的父亲。而他女儿的文章,真的写得超棒!我利用业余时间把这些作文全部整理编辑打印成一本册子,装订得像一本书,还写了前言与后记。孩子的作文写得真好。我朗读了几篇代表作,并制成了光碟放入书中。

我当时听懂了这位父亲的暗示。成全了一份父爱。

"听说你们那儿石头很有名?"远方的朋友如此表达,我立即带她参观展览馆,并看私人珍藏。抓住机会就投其所好,条件允许就送她一件作品。

我的婆婆说以前我给她用毛线织的毛衣很合适,老年人的衣服不好买。我就立即回答:"再织一件。一件够不够?要不要织两件换着穿?"

唯有用心,唯有心静,方能听懂弦外之音。

先倾听后开口

倾听的三个层次

如何听？有学问！
倾听是有层次的。

第一个层次：听到对方说的内容。
曾经我以为这是最简单不过的。后来发现，这个"内容"太丰富，往往你以为自己明白了，其实事实跟你想的不一样。

一位老师跟助手说：记得把杯子带上。助手点头，并确认：需要多少个？

她问了数量，但没有问规格。杯子是塑料杯，还是玻璃杯，还是一次性的纸杯呢？结果真就带错了，助理带去了纸杯。而老师需要的是透明敞口的塑料杯，以便做实验时方便学员更直观地观察。彼此都以为自己说清楚了，对方应该明白。如果你是听的这一方，那就真的需要确认一下。有时就是一句话的事，你需要确认一下。

倾听的第二个层次：听到对方的情绪。
说话听音，即听到对方的情绪。同样一句话，语音语调不一样,听到的感觉完全不同。

如果人们在公共场合被踩了一脚,脱口而出一句"讨厌",往往是很生气的。而恋人之间互动时也会因为在肢体接触时,对方会微笑着说"讨厌"。而这句"讨厌"传递的情绪就不是反感了,相反是"请继续"。

同学聚会时有人说:

"我的宝马车前两天被刮了。"

"我老公现在做局长,整天忙得顾不上家。"

"孩子假期到美国游学,费用有点高。"

表面像是抱怨,实则是炫耀。

比如夫妻之间,丈夫为妻子做了爱吃的菜,会吐槽"吃货",实则是宠溺。

听话听音,最好的恋人之间的沟通是母亲与婴儿间的沟通。母亲的表情、语调他都能领会。因为有爱、有耐心。

倾听的第三层次:听到对方的需求。

我讲幸福课程讲到这一部分时,常常会有学员恍然大悟。

孙女终于知道奶奶想表达什么了!

因为奶奶的牙齿不好,所以只给老人软糯的食物,冷硬酸辣的都不给奶奶。有一天孙女剥橙子,奶奶就问了一句:酸不酸?

当时孙女答:还行。

直到学习后才明白奶奶的需求:我也想尝尝。

母亲终于明白儿子想表达什么了。

先倾听后开口

母亲对儿子总是千叮咛万嘱咐，儿子对她说：我好想做贝多芬！母亲答：现在学习任务这么紧，哪有时间学音乐。现在准备艺考来不及了。

后来母亲才知道，儿子觉得她太碎碎念了，希望能像贝多芬一样听不见！

多一些耐心，听到对方的需求，才是有效的沟通。

三重倾听如果做不到一二，可能聊天时就能把天聊死。

有时不回答就是回答

对话时就怕双方陷入沉默,无话可说了。

正因如此,我们更要学会什么时候保持沉默,同时学会如何应对沉默。

有人说谈判的时候,如果双方陷入沉默,最好不要先开口,谁先说,谁先输,代表你沉不住气了。

长时间的沉默会给人造成极大的心理压力,许多心理高手会利用沉默这张牌。

一、具备优势时需要沉默。太多的表白反而削减你的能量,显得不够沉稳、自以为是。这时的沉默是一种低调,也是对他人的尊重。你的优势最好由别人来说,而不是你王婆卖瓜。自卖自夸没有错,而当你处于明显优势时,就该少说为好。这反而给双方都留有进一步交流的空间与余地。

二、取得成绩时需要沉默。面对成绩和掌声,如果夸夸其谈,不经意间就是拉仇恨了。这时做到微笑鞠躬而不言,无声的语言是恰到好处的沉默。别人反而觉得你涵养好,与人相处安全又舒服。

三、遇到挫折时需要沉默。遇到打击与挫折,千万不要四处倾诉，一是隔墙有耳，你不知道别人怎么想你。二是你每说一次，就在心里加重一次失败与挫折的印记。传播负面情绪，于人于己都是不愉快的事。

四、等待时机时要沉默。机会是留给有准备的人，静候佳音也是一种能量。如果四处张扬，一旦没有达到预期结果，易将自己与他人陷入被动。以静制动，可退可进。不说话反倒给了自己更大的空间。

五、承担痛苦时要沉默。自己的痛苦不便天下皆知，别人痛苦时不痛不痒的安慰，可能都是正确的废话。有可能他什么都听不进去，给他一点时间，让情绪有一个出口。试着什么都不说，安静地陪伴比什么都好。

六、心灵链接时要沉默。只做一个倾听者，用耳朵听、用眼睛听、用表情听，用全身所有的毛孔听。在倾听中吸取能量，建立信任，产生满足。

沉默是金，要看时间、地点、场合。

如果遇到对方一直沉默，你会不会心慌，怎么办？

一种情况：对方在思考。

当你提出一个会影响到对方的观点或方案时，一般会有沉默。人在慎重考虑某个问题时，必然会沉默。

如果你一句话不说等待对方，反而会让对方产生紧张和不安的情绪，这时对方就会打破沉默先开口说话了。

其实，这时不用说话，只要传递一种诚意。我在等你，没关系，慢慢来。

另一种情况：对方拒绝了你。

如果对方一直不回答你，事实上不回答就是回答，即他拒绝了你。

就算这个结果让人遗憾，也不要失望。你可以一如既往地保持微笑："理解您的感受。或许下次我会带来让您满意的消息。"这样的话，彼此留有余地，谁也不会较真，对方还会感谢你的善解人意。彼此提升了对方的好感，对下一次沟通产生正面积极的影响。

你沉默的背后是颗平静的心，人们愿意与这样的人交流。

先倾听后开口

你只需提出好问题

如何证明你的倾听到位?

看你能否提出好问题,是否是对方想回答的问题,有一肚子话要向你倾诉。

当你被他人全身心倾听时,是这样表达的:

他好认真听我说话啊,他不仅用耳朵听,他还用眼睛听、用表情听。他好会提问题哪,我好会回答问题啊!

会提问,彼此都愉悦,且有收获。

不会提问,则会被认为"不懂事""缺心眼""情商低"。

案例一:与职场男性的对话。

A:春节去哪儿玩了?

B:带老人和孩子去海南了。

A:去海南哪里?

B:三亚。

A:住了几天啊?听说那儿房价很高啊。

听起来好像没什么问题。但事实上他问了一堆无意义的废话。

如果还要继续问吃了什么、买了什么，也没什么新意。关键是交流中，对话没营养，彼此没收获。

试着换一种方式：

A：春节去哪儿玩了？

B：带老人和孩子去海南了。

A：哇，一家人去的？您对老人和孩子照顾得真好。事业又做得那么好，真不简单啊。

B：哪里哪里，平时陪伴老人和孩子的时间太少，这次带着他们在海边多待几天，老人和孩子冬天多晒晒太阳，对身体好。自己也好好放松一下。

……

或许这时对方感受到你的肯定，在他说的过程中再次回顾了春节假期的美好时刻。

关注对方的相关信息，找准关键点，调整话题，让对方愿意说，交流中双方都愉快。

案例二：与全职太太的对话。

A：您的项链很漂亮。

B：谢谢！我先生送我的。

A：多少钱？

什么牌子？

在哪儿买的？

先倾听后开口

表面看,这些提问没毛病,也是我们生活中经常遇到的。可万一这不是大品牌,则有可能让爱面子的人尴尬。

换一种方式的提问才算及格。

A:您的项链很特别。我一下就被吸引了。

B:谢谢!我先生送我的。

A:吊坠的造型很独特,梅花鹿,森林之灵。这款项链很适合您。"鹿"代表着爱,您先生选择它一定很用心。

B:是的,这款项链有一个名字,叫"为爱而生"。这是我先生设计的,纪念我们第一个孩子的出生……

这样的对话,可以把彼此的距离拉近。比"多少钱""哪个牌子""在哪儿买的"之类的话更容易拓展话题。**你聚焦的不是物品而是持有者**,于是持有者的美好感受及故事就自然而然地流淌出来。

提问最忌讳哪壶不开提哪壶。比如人家单身,你非要关心婚姻。人家孩子成绩不佳,你偏追问成绩。没心没肺式地提问,不是实诚,而是情商低的表现。

好的提问,让人自愿与你分享有价值的资讯。

答案就在问题里。

你的人生
是你"说"出来的

签名:　　　　　　　　　阅读时间:

1. 倾听有哪三个层次？

2. 什么情况下，你在交流中需要闭上"嘴龙头"？

3. 什么情况下，你可以选择不回应？

扫码收听鹿老师的有
声课程，配合本书学
习，收获翻倍！

好好说话有套路

CHAPTER 10

凡事有方法,万变不离其宗。

本章 5 个黄金聊天术:隐喻法、因果法、多选法、植入法、换框法,学到就赚到!

好好说话有套路

黄金聊天术：隐喻法

小朋友表达时，非常擅长"什么像什么一样"。

比如：月亮弯弯的，好像妈妈的眉毛。妈妈的工作要飞来飞去，就像鸟儿一样。人们穿着五颜六色的花衣裳，在草地上就像花蝴蝶一样。

成人很少用这样的表达：就像……一样。我们习惯就事论事，讲道理。但往往讲道理是很笨的方法。你讲的道理再正确，对方不认同，也白搭。

换一种方式，把一个事物表达为一个与你更有亲切感的事物，就很容易接受了。

妻子：你能不能不抽烟，能不能把烟戒了？！

丈夫：抽烟这个爱好，就像我喜欢你一样，戒不了！

妻子态度180度转弯，从口袋里掏出200元塞到丈夫手里，一边说：那不能戒，千万不能戒！

这就是不经意使用了催眠，用隐喻法瞬间让对方没有压力地接受观点。

我的先生则性格内敛,行事低调。当我的影响力越来越大时,人们介绍他是"鹿雯立的老公"时,我能感受到他的细微变化。

这些年来,一直是他在背后默默支持我的事业。我对他说:"你才是我们家的顶梁柱。我就愿意做你的小鹿,咱们有一个特别可爱的女儿小树,家里多亏有你在。你就像我们的大树一样,让我们感觉有依靠。有你在,特有安全感!"

第一次叫他"大树哥"时,我注意到他的脊背就挺直了,肩膀也打开了。我身边的人都开始跟我一样叫他"大树哥"。

我们获得2018年度国家新闻出版总署授予"全国最美书香之家",文件上写的是我的名字,大树哥说:"你知道我想到了什么?书香门第。以后我们的后代可以说自己出身于书香门第,世世代代都爱读书。"

我们有共同的荣光。家里有大树、小树和小鹿。女儿小树画的画也是这样。这份和谐来自身份的认同,并通过话语表现出来。

女儿在作文中写道:"家,就像团队。妈妈像勇敢的前锋,爸爸像沉稳的后卫,我就像最有发展潜力的年轻队员。我们家里的每个人都很重要。"

她在无意识中用到了隐喻式的语言模式。

在身心语言模式里,"就像"这个话术强化信念或预期。人们会不自觉地表现得"就像"那样,放下当前现实的限制,充分运用其想象力。人天生就会想象与假装,我们会超越个人经历、信念和自我的边界。左脑擅长创造,我们创造梦想,创造它们的视觉化图像，如温顺灵气的小鹿、蓬勃成长的小树与可依靠的参天大树，通过语言被带入角色，表现出与之对应的特征。我们表现得"就像"那些对象，于是会产生与之相匹配的行动。

"就像"话术的重要性在于创造，让我们得到激发或支持，以达到实现目标的身心能量。著名心理学家、催眠导师艾瑞克森多次说过：你可以假装任何事物，而后你就会成为或掌握其特点。最典型的例子是你装作很懂礼仪的样子，面带微笑，张口即"请、谢谢"，时间久了。你就是一个懂礼仪的人！

你生气的样子，就像被激怒的雄狮子。

你温柔的样子，就像可爱的小绵羊。

你坚定的样子，就像勇敢的战士。

你唠叨的样子，就像一个怨妇。

你微笑的样子，就像春天的阳光。

你说像什么，就会成为什么。

黄金聊天术：因果法

因为堵车，所以迟到了。
因为加班，所以回家晚了。
因为不整理，所以屋子很乱。
……
因为什么原因，所以得出什么结果。被我们认为理所当然。
给我一个理由，否则凭什么信你？平常我们会无意识地运用因果法，且实证有效。
其是，这也是黄金聊天术的一种模式。
在购物时售货员会说：因为您是老师，所以特别喜欢笔和手账，您看这个纸张……贵有贵的道理。
当对方给你一个合理的理由，您心中又很想得到这个物品，你就很容易接受。
有一位父亲经常带着孩子去别人家道歉。孩子们在一起玩哪有不起争执的，不是砸了玻璃就是碎了花盘，要不就是打架。身为高工的父亲下班后手牵着一对儿女主动登门道歉，现在回想人家那是积极主动沟通。

"因为小冲突也是小朋友交流的方式，所以都不要计较。"于是，孩子们很快又玩到一块了。

一位老师将因果法的聊天话术在生活中运用得极好。

他去餐厅吃饭，笑眯眯地对服务员说：小伙子，请给3号桌先上哈，因为……

因为后面是会心的微笑。

结果这传菜生真的到厨房打招呼了！3号桌的，能快一点儿吗？因为……

我们问这位老师：因为啥呀？传菜生懂吗？

老师回答：不要小看传菜生，他们每天接触天南海北的人，一双眼睛厉害着呢。人是情感的动物，人们愿意给自己有好感的人更多服务。重要的是，当你说因为的时候，留出空间给到对方，对方会自动填入一个答案。因为他很赶时间，因为他有重要的事，等等。3号桌的菜上得更快！

我们佩服地看着老师。老师对传菜生说：谢谢你小伙子，你知道吗？我人生的第一个职业也是传菜生。

小伙子的脸都变明亮了。

技术是没有温度的，但人有温暖。他的话鼓舞了那位年轻人。

因果法，我们随时可以用出来。

"因为我的航班快起飞了，可不可以在您前面过安检。"

"可不可以让我先上车？因为我带着孩子，行李特别多。"

通常你给对方一个合理的理由，他都愿意支持你。

同时，你也可以先提出需求，然后给别人一个理由。或者你可以停顿一下,配合真诚的表情与肢体语言,同样会达到预期的效果。

黄金聊天术：多选法

有人能把聊天聊死，让人无话可说。

也有人在聊天中创造无限的可能性，让人愿意与之多聊聊。

给人多项选择，是个不错的方法。

多年前我曾在电视上看到一个采访，采访一位已成功的女企业家，她说自己打工时很擅长让老板做选择题。

其实我们与伴侣、孩子及同事沟通时，都可以用选择法。

人们就怕遇到那种简短回绝的情况。

公司开会，要策划一场千人的活动，讨论场地放在哪里。

小王会说：这么短的时间、预算又这么少，找到合适的场地几乎不可能。

小李则说：不试试怎么知道，我们可以马上了解一下。两小时后回话。

说不可能的小王当然没有具体行动。而小李则打了数十个电话，同时还去就近的场地实地考察。

两个小时后，小李给领导回复：现在有三个可安排千人会议的场地：A酒店知名度最高，环境好，费用超出我们预算的10%，B

酒店是一家新开业酒店，价格上优惠，在我们的可控范围内，只是距市区尚有半小时车程，酒店周围很安静，适合专注学习。C酒店位于市中心，附近有地铁，设备稍显陈旧，可以给到我们七折优惠。请您来决定选在哪里最合适。

领导肯定还会再提问，这样小李与领导有了更多的交流机会。而小王已经与此事无关了，出圈了。

给人一个答案不是选择，给人两个选项左右为难，给人三个选项必选其一。

我们在与父母、伴侣、孩子的沟通中，用选择法也很有效。

春节有什么打算？

宅在家中？出门旅行？做点有纪念意义的事情？

出门旅行？感受冬季景色还是感受冬日暖阳？

去温暖的地方！三个选项：东南亚国家、海南三亚、内陆新开发的景点攀枝花。他们各自的特点是……

其实，这是交流的过程，家庭也需要团队建设。前期的沟通是必不可少的环节，三选一、四选一、五选一，选择法带来更多的话题，更多的交流。而交流的过程就是一次次在彼此的"情感银行"储蓄的过程。

黄金聊天术：植入法

植入法，即把你的想法植入对方的大脑。 他以为那是自己想要的，其实那是你要他这样感受的。

生活中植入法无所不在。

我们小时候独生子女很少，大多有兄弟姐妹。当时我居住的家属楼里还有有9个孩子的家庭。我们班有一个女孩子是独生子女，有种万千宠爱集一身的感觉。

有一次我与这个女孩发生争执，我对老师说："她不就仗着自己是爸妈唯一的女儿吗？"谁都能听出我的醋意。我的老师没有问我们为什么发生争执。她只说了一句："你也是你爸妈唯一的女儿啊！"我想想是呀，我只有一个弟弟，我可不是唯一的女儿吗？这句话使我意识到自己也一样珍贵。其实这是老师让我感受的。多年过去，我确实不记得发生什么事了，但我记得老师说的话。她在我的心中植入一个信念：我也是宝贝。

我的心理学导师曾经送我一个女王的雕塑装饰品，她一边递到我手中，一边说：小鹿，做自己的女王。

这里她就在我心中植入了一个信念。你是女王，要独立、自信、内心强大、敢于承担。我每次遇到困难时,耳边就会响起这句话,自己去面对、去解决。因为你是女王。

我的朋友建议我购买她的创意产品,钛钢的镜子。她对我说的不是这个产品有多好,而是"它能为你照亮前程、照亮未来"。在那个当下,我需要这个照亮,而眼前就有一个带有此寓意与能量的产品,我会全然接受,根本不会讲价。我以为是自己接受了一个信念,其实是她植入给我的。如果没有遇到她,我完全不会觉得自己有这个需求。是她创造了我的需求,前提是植入了一个"照亮前程、照亮未来"的联结点。

人们的日常交流中常常用到植入法。

你在熟人那里购买家电或化妆品、日用品,如果听到对方说:"拿去先用,不要着急付钱。"你会怎样呢,你会立即把账结清。

不信吗?这就是我们前面讲到的,你的潜意识听不见"不",它只接收有画面感的信息。所以你听到的是"付钱"。

北京故宫博物院院长在宣传故宫的文创产品时,提到行李牌时说:你千万别买,因为太好看了,你容易弄丢。

听到这话,大家的反馈是买!一定要买!哪怕我没有行李牌这个需求,都愿意出钱购买。越不让我买,越要买。有人说这是利用了消费者的逆反心理,其实这就是植入式沟通!

除了消费行为,很多情景下都可以用到植入法。

比如,希望家人好好休息。

过去会说:早点睡觉。晚安。

现在或许可以尝试换一种说法:别太快就睡着了。

这种催眠方法很隐蔽，连续说三五次，对方不知不觉就接受了。

"别太快入睡。"大脑听不到"别"或"不"，它只接收后面的画面。即：入睡。

有位妈妈说："自从孩子进入青春期，我说的每句话都要想一想才说。对自己的孩子说话，要经过大脑。所谓'想一想'的过程，就是把学到的方法怎么用出来的过程。"

聊天黄金术，很好玩儿，有趣又有用。

如果你能做到言行一致，你想表达的内容就可轻松地植入到对方心里。

两性关系、亲子关系及职场关系，随处都可用出来。

植入法的第一步是目标清晰，即要达到什么目的。第二步则是准确表达，举一反三运用话术。第三步是重复，即把一个观念重复三到五遍。

我刚进入培训行业，身边不断有人说：你是天生的老师、你一定会桃李满天下的。慢慢地我就以为是，后来就真的是了。

10年前，我梦想出一本自己的书。我做了10多年的新闻宣传工作，写了很多硬稿，我想写一些柔软的文字留给岁月，把过去赠予未来。当我说出这个想法，身边的朋友都说：你本来就是作家，早该出书了，你的文字一定会大受欢迎。听多了，就以为真是这样。对外表示：写作是我最优美的表达。10年过去了，我已经出了4本书了。

一个人的成长遇到什么人很重要。身在职场，上司或伙伴用话语在你的大脑里植入正向的信念，真的会发生很多奇迹。在我的成长之路上，真是一路遇贵人，不断鼓励、认同我。我就真的成为自己想成为的人。

真希望看到这本书的读者，能把这些方法用出来，真的会发生奇迹。

你的大脑分不清真假，你植入什么即是什么。

黄金沟通术：换框法

有位妻子刚刚上完礼仪课，回家看到丈夫就越看越不顺眼。因为礼仪老师在课堂上说：看男人的细节要看腰，不要在皮带上挂钥匙等物品。而丈夫多年来腰上一直挂着钥匙！

她与丈夫说了礼仪课学习的内容。丈夫听话照做，取下了腰上的钥匙。没想到几天之后，她发现钥匙又回到丈夫的腰上。她什么都没说，内心却无比失望，觉得自己的丈夫不懂自律，没有进取心，这点小事都做不好，以后也不会有什么成就。

一次偶然的机会，这位妻子在我的"幸福婚姻工作坊"中提问，当她提及此事即进入滔滔不绝的模式，全程是一段由钥匙引起的控诉。

我微笑着听完，问大家：什么样的男人会腰上挂着一把钥匙呢？

"顾家的男人。"

"有责任感的男人。"

"细心的男人。"

……

这位妻子听愣了，想想确实如此：自己的丈夫确实是个暖男，很顾家，对自己、老人、孩子的关爱无微不至。

其实还是同样一个人，一个行为。只是换了个看问题的框子，透过不同的画框，我们看到不同的人物画像。

你的注意力在哪儿，能量就在哪儿，事实就在哪儿。

生活中这样的情景很多。

孩子小王考试考砸了，妈妈是这样对爸爸说的。

妈妈：儿子最近成绩不好。

爸爸：知道了，怎么排名这么靠后？

妈妈：这个班的老师没耐心。

爸爸：小王自己每晚都看手机。

妈妈：现在孩子都这样！

爸爸：好在我们家有钱。

妈妈：你只认钱。你们老王家的人都是笨蛋。

眼看交谈由谈论孩子的成绩演变为双方的攻击。

如果我们回顾夫妻俩的对话，就会发现其中的语言模式：环境——能力——行为——价值观——身份。

环境：孩子的班级；行为：晚上看手机；信念：有钱好办事；身份：笨蛋。

所有的语言背后都有价值观的支撑，你给对方一个身份，在你眼里他就有对应这个身份的表现。

美国著名教练罗伯特·迪尔茨认为：**环境**因素确定了个体做出

反应的机会或限制，回答何处（where）的问题；**行为**则由环境中所采取的特定行动和反应组成，回答了是什么（what）的问题；**能力**则引领方向，回答如何（how）的问题；**价值观**提供了支持或否认能力的强化物（激励和允许），回答了为什么（why）的问题；**身份**则确定了整体的指标，回答了（who）的问题。

同样一件事情，我们用不同的图框，得到不一样的反应与结果。

比如年轻人选择去北京工作与生活。

我们来比较下面不同的陈述。

1

北京的空气不好，雾霾很严重。（环境）

经常生活在雾霾的天气，对身体很不利。（行为）

没有健康就没有一切，且北京人才济济，你去北京发展并不乐观。（价值观）

做一个"北漂"很辛苦。（身份）

去北京发展凶多吉少。（结论）

2

北京是政治经济文化中心，发展机会很多。（环境）

在北京，你有更多的学习与成长机会。你可以去考北大在职研究生，会遇到最棒的老师和优秀的同学。（行为）

城市的能量与资源不同，在北京发展成功的概率更大。（价值

观）

　　成长比什么都重要。你是一个不断成长的年轻人。（身份）
　　到了北京，你的人生就会像开了挂一样。（结论）

　　同一件人和事，我们换了不同的画框去看，去描绘，去感觉，给予的定义完全不同。
　　有人因为得了癌症而抑郁，把自己定位为"癌症受害者"，在不改变事实的前提下，可以"换框"为："你不是受害者，你是一个尚未开发出足够能力从身心中受益的正常人。"这会帮助其改变与疾病的关系，开放其他的可能性。
　　我自己就有这样的经历，我曾说自己是个创业的失败者。我的朋友说：雯立，你忘记了你是个教练，在教练的字典里没有失败只有反馈。你只是没有掌握成功所需的所有要素。当即一言惊醒梦中人。这让我拿开限制性的框架，转而换了一个更积极主动的框架。
　　因为心里的框架不同，我们说出的话语，可以是批判也可以是鼓舞。事实上，深化或强化一个人的资源感，会让其内心感到更有力量，更有信心。而信心真的比钻石更宝贵。我们说出来的话，就可以达到这样的效果。

轻松练一练

签名：　　　　　　　　　　阅读时间：

1. 本章介绍了哪五大说话技巧？

2. 用"就像……一样"的话术来表达一件事与另一件事的关系，力求简单、通俗易懂。

3. 尝试使用"换框法"来改变以下两句话，由负能换框为正能。
   A.现在大部分好的机会都没有了。
   B.我没时间理财。

爱，要好好说

CHAPTER 11

为什么有时候明明心中有爱，可话一出口就变了味儿？

在你这儿是叮咛，在他听来却是指责？在你这儿是提示，在他听来却是不信任？

只有同频，才可能共振。不在同一频道上，即无效沟通。

如何在语言上调准频率，本章有简招。

心态决定语态

你抗拒什么，就放大什么

因为内心的恐惧、委屈或愤怒，我们常常会说出大量怨毒的话，且一发不可收拾。

一次学员对我说：您声音真好听，感觉如沐春风。您会发火吗？那时您的声调也会提高吗？

多有意思的问题，它让我回顾自己的变化。我当然会生气，那时说话也会语速加快，语调升高，只是从不说脏话而已。

有两件事对我的影响很大。

在创业初期，曾经遇到一位所谓的高人，我将我所有的资源都介绍给她，却发现是被人利用，且在背后受到攻击。我一向真心待人，怎么会遇上这等虚伪之人？最不能理解的是她怎么如此言行不一。我觉得自己可以被骗钱，因为钱能再挣，可是真情被欺骗，就伤透了心。我很长一段时间无法面对，会跟最好的朋友一而再，再而三地谈及这些事。

一次朋友们聚会，我又自然而然地提及此事。闺密当场拍了桌子：我们谁都没说，今天聊的话题与此无关，你怎么又提起这个人、这件事？你有完没完！

我想说的一大堆话被堵了回去。原来别人早就听够了我的车轱辘话，只有我自己无法自拔。是她一语惊醒梦中人！

我当时就是受害者心态，感觉自己被伤害被辜负。我想当时自己也一定说了很多攻击对方的话吧，原因是放不下！再细想，是我内心对他人有所期待，当她没有满足我的期待时，就很失望。虽然对方做的很多事不地道，但我如果不肯放下，这个人、这件事，就永远被我抱着，走到哪儿带到哪儿，如影随形，把自己压得喘不过气来。越抱怨，心胸越狭隘，每一次攻击对方，其实都是对自己的伤害。

你抗拒什么，就放大什么。

于是我决定接纳。这事发生了，它过去了。这个人来过，她给我上了生动的一课，她也走了。感谢这一切的发生，让我看到自己也有那么矫情、脆弱、狭隘的一面。逮住一点点失落不放，失去了更宽广的世界，也是够蠢的。人大多都不自知，需要有人点醒，需要开悟反省，更需要学习与行动。

当一个人抗拒某人、某事，一定会将其放大，自己说出的话也变得尖酸刻薄，情绪也随之改变，动作自然变形。

我们说难听的话几乎不用学的，只要心中有恐惧、委屈或愤怒，负面的语言自然会脱口而出，甚至不会重样。而说美好的话，我们却需要不断地学习、练习，所学才能在身心中内化下来。

尽管你不断修炼，有时还会遇到新问题把你迅速打回原形。这本身就是新的历练与成长。

每年3月，我的日程都排满。有人形容我像鸟儿一样到处飞，

心态决定语态

脚都不沾地面。

2019年3月4日下午，我还有两分钟就要上台讲学，接到华西医院电话，告之我，明天可以为父亲来办入院手续了。年近80岁的父亲，等华西医院的住院通知等了整整4个月，终于等到了。我一时不知是喜是忧，马上就要开讲，下午五点半下课，接下来是晚七点半飞昆明的航班，两场讲学后再飞泸州……

先拿上麦克风上讲台吧！现场教学效果很好，助理说佩服我这样还能笑容满面地讲完全场。她知道我接电话时是紧张的，还问她去医院要带什么卡？去医院哪里？生怕自己没听清楚。

急没有用。课后与主办单位微笑道别，我坐到车上立即联系父母做好准备，同时打电话给弟弟还有另一位助理与朋友，请求帮助。

父亲手术当天，我回到成都。结束三场大型讲座，立即赶往医院手术室的楼层。

此时，近80岁的父亲在手术室已6个小时，先生在外地，女儿寄宿在同学家，70多岁老母亲在病房等候，腿上还有工伤的弟弟一直坐在手术室门口，而我的书稿两天后到交稿期限……

我感受到前所未有的压力。

父亲每次手术都在我最忙的时候。随着年纪的增长和身上的病痛，原本性格温厚的父亲开始变得怨天忧人，整天感觉全世界都对不起他，越来越以自我为中心，不体谅母亲与儿女。我在台上笑容满面、光芒万丈，台下却疲惫不堪、如此狼狈……

怨念一起，怨言一发不可收拾。发现自己有情绪，出现心中长满野草的慌乱，立即对自己喊"停"！把自己教给大家的五感技术都拿来用，先"搞"好自己！

有时，一句话就够了：你抗拒什么，就放大什么。

成人的世界都是劫后余生。我不能再放大困难了，能做的就是接纳。不抗拒，就能绽放。或许这就是成长的机会。老天不会给你承受不起的重担。这一切就是给你定制的礼物。

你跟什么过不去，它就顽固地出现在你面前。唯有接纳，才能放下。

一句话的事儿。一念之转，让人的心态与状态瞬间改变。从慌乱到坦然，我做到了。

心态决定语态

赞美的背后是感恩之心

人类的六大恐惧中,除了怕穷、怕死外,还怕被批评。

我们抗拒评判之声,不愿意接受批评。有时会认为那是对整个人的否定。有些批评的话语,对方不是左耳朵进、右耳朵出,而是哪只耳朵都没进,因为内心产生阻抗,什么都没听进去!

不是说忠言逆耳吗?如果都没听进去,忠言如何发挥作用呢?

人人都爱赞美之声。

网络搜索"赞美",会出现对母亲的赞美、对老师的赞美、对长江黄河的赞美、对祖国的赞美……

赞美的背后是一颗感恩之心。一个人如果没有感恩之心,难以说出赞美的话。而真正的赞美,都是愿意大声说出来的,因为发自肺腑。

当你慌乱的时候、当你抱怨的时候,是没有能量说出赞美的。

这是我的真实感受。

我抱怨所有的事情都涌向我时,我的内心是无助的。而当我感恩时,心态瞬间平和、喜悦。

父亲近八十高龄做手术,先生在外地,女儿要照顾,弟弟还有工伤、自己的工作近期很忙……如果这样想下去，我可是够惨的。

怀着感恩之心去赞美，看看会发生些什么？

我的父亲特别幸运，他遇到了国内最好的骨科医生之一，10年前是宋医生解除了他的病痛。现在宋医生亲自为他做修复手术，只为提高父亲的晚年生活质量。我们在这么好的医院遇到这么好的医生，是何其幸运。多么值得感恩！

我的女儿特别独立。周围的人都这么夸奖她，最近我出差一周，她的成绩不仅稳定且有提升。她有幸进入别人梦寐以求的好学校，遇到好老师好同学还有好家长，她是多么幸运。感恩！

我的先生虽然在外地工作，但他非常顾家。从父亲入院挂号到确认可以入院手术，都是他跑前跑后。现在他每晚都与我的父亲、女儿和弟弟联系。他的心比我还细。感恩！

我的弟弟智慧又幽默。在我外出讲学时，全靠弟弟在医院撑着。父亲手术当天，弟弟一直坐在手术室门外的地板上。我问他为何不坐在稍远的椅子上，他说怕听不到医生喊病人家属。弟弟自己身上还有工伤，连续多日陪伴在父亲身边。他说这是"肉体上的锤炼，精神上的升华"，他真是衣不解带一瘸一拐地在父亲面前尽孝。

骨科的病人都说父母好福气，有一儿一女照顾。我和弟弟说尽孝就是让爹娘笑。在医院里发现彼此表情凝重时，都提醒对方要在老人面前保持微笑。

我有多么好的原生家庭，我的先生与女儿也特别给力。我身边所有的人都在关心我。我是多么幸运，对这一切是多么感恩。

心态决定语态

华西医院就在本城,我们少了多少车马劳顿。我们是何其幸运,在春暖花开的3月,一家人努力完成一件家庭大事。

当我说出这一切时,整个人都是满满的正能量。

知足啊!向生活谢恩吧!

我相信自己的父母是愿意听到我们的赞美的。童话大王郑渊洁说要多赞美孩子,国家的未来就会强大。

赞美多么神奇。它会产生潜移默化、意想不到的力量。

无意中读到一本书,是美国总统奥巴马写给他的女儿们的,书名就叫《赞美你:给女儿们的一封信》。这本书里,奥巴马尝试着以一种纯净的眼光,天真的笔触,描绘着自己心目中的英雄人物,吟咏一首首有关"卓越""成功"和"辉煌"的赞美曲。在犹如儿童画一般五色斑斓的辞藻下,铺陈出最朴素的人生底色,那是我们千万不可淡忘的:创造性、同情心、勇敢、坚强、心存敬畏……

奥巴马能否走进美国最杰出的总统行列,还有待时间的检验和历史的评判。但读过《赞美你:给女儿们的一封信》这本薄薄的小书,你会清晰地读出一个父亲的挚爱和祈盼,一位诗人的灵性和才华,还有一名政治家的胸襟和气度。然后你会明了,所有的成功都并非偶然。

成功的人,内心一定有大爱。

那些说话尖酸刻薄,上怼天、下怼地,中间还怼空气的人,怎么可能幸福。自己把好日子给怼没了。

唯有心中有爱,才可能和颜悦色说出让彼此都受益的话语。

你正说的,就是你的生命。

言为心声。赞美的背后是一颗感恩之心。

我写了一篇给自己的赞美书信,我用10分钟就写好了。因为我知道:如果我不能足够地爱自己,实际上就没有能力爱别人。

不管别人怎么看,你一定要成为最接纳自己的那个人。

鹿雯立写给自己的赞美书信

亲爱的雯立:

我赞美过去的你。你在艰苦的攀西大裂谷的烈日下野蛮生长,在钢铁企业数万员工的蓝色人海中脱颖而出,没有人不知道你的名字,不知道你的故事。你继承了父母的优秀基因,你既有英雄情怀又有浪漫情结。你有钢铁的意志、温柔的心,你是数万人心中的榜样。当中年的河水没过腰身,40岁的你勇敢地扔掉体制的"保温桶",一头扎进创业大潮。你说把祝福留给朋友,把无限的可能留给自己。

我赞美现在的你。你是世界教练联盟ICF的认证教练,中国幸福教练的创始人,你的演讲影响了上百万的人,你被誉为"中国最会说话的女声"。在成功之都,人们对你的名字过目不忘,你的声音温暖了无数人。或许,人们只看到你在台上多么闪亮,只有你自己知道创业之路难行。闯江湖,仅有壮志雄心不够,还须有超强的反脆弱的力量。你像打不死的小强,呛水、挣扎,但从不迷茫。你在生活的激流中抓住每一根树枝、竹片,编织出一个神奇的竹筏,向幸福的方向撑去。你让自己流出的每一滴眼泪化成珍珠,受过的伤变成勋章。你说这世界需要鼓舞的人很多，而你是最会鼓舞他人的人。你随时随地传播幸福的福音，用语言的能量去感染人。这一路，你把自己活为一道独特的风景，一个美丽的传说。

我赞美未来的你。亲爱的雯立，上天眷顾你。世界会奖励不断学习成长的人，而你真正做到了学习生活化，生活学习化。你说自己的生命无时无刻不在备课，你做的是热爱的、擅长的、助人的事业。你天性爱分享，有超人的演说与写作天赋，所到之处总是被众人瞩目。雯立，你活出了爱的模样，你活在顺流中，全心全意地在人间传播真善美。财富从四面八方向你涌来，你沐浴在光中，你是爱与美的表达。每一个遇到你的人，你都是他们的礼物。你就是正能量。

亲爱的雯立，你是父母的骄傲，是伴侣的支持，是孩子的榜样。闺密说你是最勤奋的人，老师说你是最感恩的人，学生说你是最有魅力的人，伴侣说你是最浪漫的人……你知道，这一生你不完全属于自己，你致力于推广幸福教练的理念和技术，传播正能量语言，让语言这个小小的变量去影响国人的生活。好声带好运，好话带好命，你希望每个遇到你的人都学到幸福与财富的能力，内外兼修，悦己达人。你的使命是让3亿中国女性学会幸福的能力，活成一个对国家对民族的有用之人。亲爱的雯立，总有一天你会走进中央电视台、人民大会堂，让更多的人听到你的声音。幸福的频率，由你而发。正如你的学员所言：与你多待一秒钟，就多幸福一秒钟。亲爱的雯立，你就是幸福的存在。中国将有3亿人因为遇到你，变得更

你的人生是你"说"出来的

幸福更富足。亲爱的雯立,我看好你!深深地祝福你。

或许有人看到给自己的赞美会掉一身鸡皮疙瘩,或许有人会说你太自恋。别人怎么看你不重要,重要的是你怎么看自己。任何人做成事,都不是一个人的能力,赞美的背后是感恩之心。你越感恩,就越愿意付出,让每一个遇到你的人都多一点点幸福,爱是能量,会传染。用赞美把爱递出去。

心态决定语态

宁静的心方能说出美好的话

因为自己曾有恐惧与惊慌,方能体会宁静的力量,知道为何静能生慧。唯有恬静的心灵,方能盛开智慧的莲花。

因为女儿读书,我从老师的身上感受到不同的能量。

我们一家都说秦老师是我们学习的榜样。因为从她身上,我们感受到什么叫从容、什么叫笃定。

记得有一次女儿没考好,我小心翼翼跟老师联系:我可否来学校,向您当面请教。秦老师说:好,我等你。

老师没有批评,只是针对试卷上的错误进行指正,同时还对女儿说:你是咱班的优生。我和女儿都感觉有些惭愧,同时也备受鼓舞。秦老师总是相信学生在努力,并对学生与家长说:"我教了30年语文,什么样的学生都见过。别人都说我是可以把蚯蚓拉成黄鳝的老师。"难能可贵的是秦老师说话永远面带微笑,不慌不忙,跟她交流就像吃了一颗定心丸,感觉被赋能。遇到这样的老师真是幸运。

我记得孩子上小学一年级时,语文考了94分。我觉得没什么,签字时就签了名字。不想被老师请家长!老师说:"一年级就不能拿满分?既然你家长无所谓,那我也无所谓。"当时老师的语气把我吓了一跳,随后有同学家长来支招:你签字时要痛批自家孩子,同时要表态一定配合老师把成绩提上去。至少写四行!后来我主动与老师交流,可老师总是好像很忙的样子,说不了几句话,就感觉拔脚要走的样子。她也确实是语速极快,步速极快。总之,感觉她很忙,有好多事等着她,来也匆匆,去也匆匆。后来几位家长都觉得她本身很有才华,只是明显感觉缺少了一分定力。

与人沟通与交流,安全感特别重要。我们常讲凡事慢三秒,其实也是讲一个人心态平和,言行才会更从容。只是人们都太忙了,忙得把自己给搞丢了。可事后还要花时间精力去找回自己。

当我们知道匆忙易给人带来压力时,我们就要有意识地去改变。

一、自我观察。

很多人对自己有清醒的认识,也有的人完全不自知。提供两个简单易行的方法了解自己言行的节奏。一是在职场或大街上任何有玻璃或镜子的地方,定睛看一下自己,当时你的体态、表情是你最真实的样子。二是听你的微信语音,感受你的语速与节奏。如果你表情沉重、语速太快,建议有意识地调整。不妨修炼"三秒禅",提醒自己慢一点。

二、认真倾听。

在倾听的过程中,不管心里有多急,都不要打断对方。这是特别失礼的行为。你的耐心,是必修的功课。三流的倾听,根本听不到别人说什么，只有自己想表达的。二流的倾听，只是假装自己在听，根本没有用心。一流的倾听，让彼此心情愉快。

三、慢三秒回复。

倾听的过程中一定要有回应，建议慢一点回复。眼睛柔和地看着对方，附和要有节奏。在有共鸣或特别感兴趣的地方适时提问。

四、适当地提问。

不当的提问让人反感，并心生厌倦。比如问对方："你到底想说什么？""你听明白了吗？"与人交流，要么留不下任何印象，要么心生反感。好的提问是极好的反馈。比如我曾与老师交流"多年前你教我的方法特别有用，我也教给了许多人，反应也很好。老师教给我的好方法，我很想知道是为什么会有这样的效果？老师请您给我说说？"先认同，再提问，过程中还有反馈。会让彼此都感觉愉悦。

三流的人，让人觉得跟他说话是负担；二流的人，和对方交流之后，就不想下回再见；一流的人，让人心生喜悦，感谢你的好问题。

如果你的心很静，你的神情、状态、语音、语速都会完美呈现，同时你说出来的话，会引领对方彼此滋养。

静心，是必修的功课。

散步、朗读、听音乐、绘画、种花、调香、弹琴……都有帮助。心静了，声音都透着甜蜜，话语传递着美好。

你的人生
是你"说"出来的

和谐之声源于同频率

一桌人一起吃饭。一位朋友来晚了,说刚结束会议。

"组织几百人开会,劳民伤财。开个视频会议不就完了。"

"你不懂就不要开黄腔、乱说话。这是需要举手表决的会议!"

对方安静了。

一句话就能表现出双方不同的观念。

两个人虽受同一朋友邀请,但一位是年轻企业家,一位是体制内的高管。两个人年龄、阅历、职业背景都大相径庭,自然谈不拢,瞬间气氛就不那么和谐了。

良好的沟通,有效的话语,关键在于彼此能在同一频道上。

为什么夫妻争吵都觉得对方无理取闹,原因还在没有调好频率就沟通,以致无效沟通,甚至以离婚收场。

现在中国每天有上万人离婚,其中多数是女性提出的。妻子身兼职场与家庭双重重担,丈夫如果总是加班不帮忙家务事,妻子就会感受没有得到支持。既然自己也能养活自己,那不如离婚好了。丈夫往往百思不得其解:这女人真是有病,不就是我没帮着洗碗吗，不就是我加班回来晚，她一个人带孩子去了医院吗？小事一桩至于离婚吗？其实是双方在沟通时没有调到同一频道，没有清晰表达自己的需要。另一方也没有对"小事"引起足够的重视。表面上看是男人不干家务，其实是希望丈夫能看到妻子的付出，能有语言上的肯定，并在行动上一起分担。

不同频率，夫妻关系就会愈发紧张。都会觉得对方小题大做，没事找事，时间一久，沟通无效，草率离婚。同时，极有可能陷入下一次同一模式的轮回中。

亲子关系也一样。它包括我们上对父母的关系，下对子女的关系。

父母是你与死亡之间的一堵墙。父母进入老年，随着身体状况每况愈下，期待与子女更多的交流，他们更渴望子女按自己的期望的模式生活。而当今社会发展早已不是三段式人生了，子女们都渴望"做自己"，矛盾就来了，"逼婚"成了一种社会现象。如果彼此能调整沟通的频率，感觉来自对方的不仅只是压力，还有爱。放下控制，放过彼此，会好过得多。现在有人控诉父母逼婚，甚至花钱租一个男朋友、女朋友。尽管这种爱可能成为负担，但你还是要去表达、去沟通。沟通远胜过抱怨、敷衍，冷处理如同冷暴力。父母在等你一声感谢，而你在等父母一声道歉。没有同频共振，永远做不到。站在各自的立场上彼此斗争、消耗。其实是彼此在乎，彼此相欠。

养儿方知父母恩。等自己做了父母，对子女也有了更多的要求，都期望孩子按自己的既定路线走得妥妥的，拥有稳稳的幸福。

而世间就不存在稳稳的幸福，孩子最不愿意的事即"长大后我就成了你"。父母早已不是孩子的偶像，甚至变成被嫌弃的对象。他们更想成为自己！所以你的良药苦口统统无效，反而会引发逆反心理。为什么有"逆反"这个词？这是父母创造的，反的不就是父母的安排吗？不听话？不听谁的话？不就是父母的话嘛。如果父母与孩子无法调整到同一频道上，大道理说得越多，越证明自己的无能。孩子也不好过，在他没有经济能力时，必须受制于人，尽管这个人是生他养他的父母。有的孩子甚至会用极端的方式反抗。

沟通多么重要、说话多么重要。如果不在同一频道上，就如同对牛弹琴。

先调频，再沟通。频道不对，一切白费。

一、充分肯定对方，表示理解与尊重，满足对方的好感觉。

二、敢于真实表达自我，明确态度，表明疆界亮出底牌。

三、在坚持与妥协中沟通，如同跳舞，你进他退，他退你进。感觉好时转个圈。始终手相连，脚步跟着音乐走。乐曲须是双方选的，彼此都接受。

频率不对，无法共舞。

前提是不对抗。对抗只能鸡飞狗跳，唯有和谐才能让一切进入顺流中。

努力同频，发出和谐之声。

一项干预措施的成功，取决于干预者的内在状态。

心态决定语态

爱我你就夸夸我

很多人不习惯赞美他人，张不开口。但评判或指责他人时，张口就来。

甚至有人认为夸人是"口蜜腹剑""花言巧语""居心不良"。而爱听好话的人是虚荣、浮夸的表现。当一个人有这样的信念时，一定很难得到美好语言的滋养，于是也不会说出什么好话。自我就会感觉别扭。

因为没得到过，所以拒绝。因为拒绝，所以更接收不到赞美。

这个现象，是我从父亲身上发现的。

母亲在家做很多事，他从不夸奖，而且他还有很多要求，甚至批评母亲做的饭菜不合胃口。他从没当面表扬过母亲。

但父亲会在我和弟弟面前说母亲的好话：

你妈妈70多岁的人了，每天要做很多事。容易吗？

你妈烙的饼可好吃了。

……

我和弟弟都说：为啥不当我妈面儿说？！

他还是不说。

于是我和弟弟就把父亲的话录下来放给母亲听。或者我们悄悄录个小视频。母亲总是宽宏大量，说父亲像个小孩子，不跟他计较。

其实谁不愿听到亲人暖心的话呢？

我们常常没这个习惯，或者是心太急。我对自己也有觉察。

当我在医院照顾父亲时，在家独自一人做作业的女儿打来电话：妈妈你什么时候回来？

我当时就有了情绪：你明知道我在医院照顾姥爷，还在催我。孩子怎么这么不懂事。

我忍住了，但女儿还是听出了我的情绪。

她说：妈妈，我只是问问你什么时候回来。

我还是有情绪。分身乏术有什么办法？

觉察自己有情绪，即有意识去调整，试着站在孩子的立场去想问题：晚上她一个人在家做作业，或许需要我听写或签字，所以问我何时回。

感到被人催促，很不舒服。

"你什么时候回来？"

我可以理解为孩子的催促，也可以理解为孩子一个人在家想妈妈。

突然想起曾经看过一个视频，小女孩也是给妈妈打电话问："妈妈你什么时候回来？"结果妈妈的回答是："催什么催，你难道不知道妈妈在外面很忙吗？我在骑单车！"视频记录了小女孩的情绪变化，妈妈看到后反思：我应该对她说宝贝再等一下，妈妈知

心态决定语态

道你很乖，妈妈正在接你的路上。

有理解、有安慰，还报告具体的状态。孩子更容易接受。

同样的一句话"妈妈你什么时候回来？"我明明看过那个视频，为什么还会有情绪？虽然我没有说出让人难过的话，但我还是暴露自己在多重压力上有一点点小情绪。承认自己修炼不到家，继续练习。

爱父母、爱孩子，爱要好好表达。

当我有这样的经历后，写下来，提醒自己：倾听他的需求，表达你的爱。

心中有爱，要好好说。

不要吝啬你的夸奖。这本是一个称赞孩子独立、促进孩子成长的机会：我的小宝贝长大了。

女儿喜欢我叫她小宝贝。她是妈妈永远的小宝贝。我要多一点点时间和耐心陪她。父母、兄弟、爱人都是我最亲爱的人，好好说话，每日提醒自己。

对家人，尤其如此。

你的人生
是你"说"出来的

轻松练一练

签名:　　　　　　　　　　　阅读时间:

1. "我听明白了吗?"换一种方式可以怎样表达?

2. 说话要给对方一个垫子,你平时是否表现得很"直"?语言的垫子通常是怎么说的?

3. 如何掌握语言表达的节奏?

好声音是你的另一张名片

CHAPTER 12

好声音是份礼物,她是听觉与心觉互通的桥梁。

了解并接纳自己的声音,即是自我接纳。同时,我们有必要完善自己的音质,提升声音的自信力、打造好自己的声音名片。

好声带好运。本章中的几个极简的方法尤其适合想打造声音名片的成年人。试试看!

好声音是你的另一张名片

让人因为声音爱上你

你有因为声音喜欢或反感一个人的经历吗？我有。

我读大学时经常听收音机，大学毕业后一个人在洛阳工作时，也是收音机陪伴我。那些好听的声音经由自己的大脑创造画面，他是一个什么样的人？男性一定高大儒雅，女性一定温柔优雅。后来我知道这即是"声音形象"。

我因为声音而喜欢上了当时电台心理谈话节目的主持人蓝月。喜欢到什么程度呢？我悄悄在日记本上画了她的肖像，尽管我从没见过她的模样。我凭声音形象画的！十年后我也做了电台的心理谈话节目主持人，在节目中我的名字就叫"小月"，很多听众也喜欢上了我的声音，也凭声音为我画了像。看到那幅画像，让我惊叹不已，太像了！

有一次在火车上，一节车厢上有七八位年龄五六十岁的女性，她们旁若无人，发出的声响非常大，聊天说的内容都是同学会、儿孙、欧洲游的内容。一想到她们的欧洲游，我自动脑补一个画面：巴黎圣母院贴着中文"请勿高声喧哗"，就是写给这样的大姐大妈看的。我对面这位大妈还抱着手机发微信语音，一说就是几分钟。

你的人生
是你"说"出来的

那是一种高调的、快速的、苍老的、沙哑的女声。我在想，听微信语音的人是什么感受？

她们身体是健康的，精力是旺盛的，很遗憾她们没有让声音形象给自己加分。公共场合、国际环境，走出去就不仅仅代表个人了。我提醒自己：有一天也到了那个岁数，一定记得举手投足及发声都要与年龄匹配，得体才好。

几天后，我见到了语言表演艺术家、我国著名配音演员丁建华，现场聆听了她的《语言艺术的空间》主题演讲。

丁建华的声音一直镌刻在我少年的记忆里，她为电影《追捕》《茜茜公主》《幸福的黄手绢》《叶塞尼亚》《廊桥遗梦》等多部电影女主角配音而享誉全国，是上海电影译制片厂最优秀的配音演员之一。65岁的丁建华老师一直站着讲完全场，天哪！嗓子保养得太好了，哪里像一位65岁的人？！演讲结束观众不愿离去，丁老师又饱含深情朗诵《可爱的中国》。她演讲的内容都是讲述她的一生得到了多少人的帮助，难能可贵的是她保持着一贯的单纯，正如她的声音一般甜美、干净、大方，没有一丝一毫的做作与苍老。

得以见到真人，现场感受到丁建华对事业的热爱。一个人有天赋又懂感恩，且内心宁静，她发出的声音就会那么好听，说出的都是美好的话。我当时的感觉是：当我65岁时，一定要像丁建华老师这样！还在做热爱的事业，还有好听的声音，还在台上传播正能量。

声音是我们的第二张名片，人们真的会因为声音而喜欢或反感一个人。

我们真的要有意识地爱惜自己的嗓子，保护自己的声音。经由你发出的都是让人内心的话语。

我们不是播音员、配音演员，也不参加声音秀，但我们可以通过管理自己的声音，在日常社交中让别人的耳朵更舒服。

其实很简单：

一、**调低音量**。最不受欢迎的声音排行榜第一名是"震耳欲聋"。特别是公众场所，大声喧哗是没修养的表现，你会让亲人或团队感到尴尬。自己知道刺耳声音有多让人烦，就一定不要发出尖锐的声音。

二、**放慢语速**。当你把语速放慢时，对方会听得更清晰，眼神、表情可以做到同步。尤其是女性，你很难发现一个语速快的女子能带给人优雅的感觉。放慢语速，不是要拖泥带水。恰恰相反，要温柔而坚定，娓娓道来，这会让内心也更安宁，更易产生带入感。

三、**说话有节奏**。最不受欢迎的声音排行榜第二名是"单一腔调"。一句话的重音放在什么位置很重要。如果一直平铺直叙，听者就会产生疲劳感。适当设置停顿，强调核心词，对方就能搞清你说话的重点，并感受到你的情感。

你的声音，可以让人喜爱或反感，也可能根本就没能给你留下感觉，也可能是模糊的印象。其实，一切都取决于你自己。学会一个小小的发声技术并有意识地使用，你的声音都会更动听。

声音形象也有"高颜值"。

你的人生
是你"说"出来的

如何发声更好听 说话更动听

常常有人说我声音好听。

我刚做电台节目主持人时,有人说:"你们选的人声音很好听。"我的老师说:"那当然了,我们选的人!"

现在回想,除了我本身的音色外,很重要的是我的真诚。因为真诚本身就是道路,我想尽力给听众更完美的表现。尽管我并非科班出身。

很幸运我遇到好老师,同时自己一直在体悟。有几个小方法带给大家,一用就有效。声音也有表情,学会了就一通百通。

一、微笑发声。

微笑是能听出来的。微笑的声音更易同频,彼此更易连接。人们总是喜欢笑脸,即使不在场,在电话或微信语音中,也要让对方感觉你的亲切。微笑发声,乐观的状态会随声音流动起来。

你可以尝试一下,同样的一句话是否带着笑容发声,传递出不一样的情绪。比如"世界因你而美丽,生命因你而完整",没有微笑发声特别像法官,公事公办。而带有微笑发声就更亲切,声音也更好听。因为发音前置，音色都不同了。

方法很简单，你只需要提笑肌就可以了。它可以克服口舌肌肉僵硬的状态，让发声的位置相应提高，同时声音更加好听，使听者感觉更舒服，无形中提升了好感度。

微笑说话会让人感觉更亲和，更温暖，传递出你内在的善意与热情。

如何微笑发声？提笑肌！你可以对着镜子微笑，也可以双手搓热放在脸颊上，轻轻地往上托。这样一方面可防止面部肌肉下垂，另一方面方便你微笑发声。

你可以试着朗读朱自清先生的《春》，感受声音与心境一同变得充满希望的美好感觉。

二、喜悦语气。

有人说声音表情就如同我们穿了一套修身可人的"职业装"，它带给人专业、依赖之感，同时还特别养眼。

你怎么对别人说话，别人就可能如何反馈你。

有位先生的口头禅是"有一个问题"，对方听到就皱眉，觉得他业务能力差，又不肯动脑想办法，只会交托问题。这位问题先生经常不能完成上级交代的任务，他的另一个口头禅是"没办法"。很多人想到他就头痛。我们不妨设计一下，如果一个人整天挂在嘴边的话是"有一个问题"和"没办法"，而且语调统统是往下坠的，有谁会待见这样的人呢？

我还有一位女性朋友，每次打电话或见面的第一句："亲爱的，告诉你一个好消息。"我打趣："怎么每次好消息都是在你这儿发布？"她不假思索地回答："我就是喜鹊。"

她的语调总是上扬的。用欢快、喜爱、肯定的语气说话，你会发现自己更受欢迎，因为你带了大家都感兴趣的话题、新鲜资讯和好消息。

怎样用语气语调比怎样用词语更重要。语气语调是情绪的温度计，同样一句话，语气语调比词汇传递更多的情绪与情感。

如果可能，我们在与人沟通的过程上都要记得带上喜悦的语气语调。**人的本能是趋利避害，有时自己并不清晰，但潜意识已经做出了选择。**

肯定语言往往与积极心态如影相随。

我们试着以积极心态读海子的这首诗《面朝大海，春暖花开》，请感受一下。

从明天起，做一个幸福的人，喂马，劈柴，周游世界。从明天起，关心粮食和蔬菜。我有一所房子，面朝大海，春暖花开。……陌生人，我也为你祝福，愿你有一个灿烂的前程，愿你有情人终成眷属，愿你在尘世获得幸福。我，只愿面朝大海，春暖花开。

三、字正腔圆。

好听的声音，一定是清晰的。对方听得清楚，才会感觉耳朵和心里都舒服。

好声音是你的另一张名片

方言,因为各地有各地的语调与特殊的发音,会让人产生误解。比如四川话"开腔",就是说话的意思,而听的人易听成"开枪",容易引起误会。"窝心"一词,在北京与台湾就是完全相反的意思,即堵心与暖心。

中国地域辽阔,方言众多,各种方言都有各自的特点。普通话的一些声母、韵母与声调,在方言区里根本不存在或完全不同。毕竟普通话更清晰,所以在社交场合建议大家使用普通话。我们看小品时发现,北方语系更容易听懂,也更容易传播,而南方语系的小品传播的力度就弱很多了。

最近看一位四川籍明星做奶粉广告,短短几句话,明显发现n与l不分,前鼻音与后鼻音明显错误,把奶粉读成"来粉","男"读成"蓝"。这就让人听起来有些不舒服。要迅速改变,只需要发现经常出错的关键点,有针对性的练习28天的绕口令,让你的口舌肌肉形成记忆,就可轻松解决。

建议大家认真听《新闻联播》。通常都是播音业务最好的人去直播新闻。我们多用一点点心思,就可以学习到很多。同时也可留意听听自己的微信语音,可以更直观地发现自己不够标准之处。

只有发现,才可以修正。

我记得自己当初做电台心理热线主持人的时候也有平翘舌音不分的情况,于是每天听自己的录音,然后把易错的字贴在墙上,写在手卡上,随时练习。这样普通话水平就会突飞猛进。

要想有好听的声音,其实很简单:

微笑发声加喜悦语气加字正腔圆,这样的声音想不好听都难。

如何让你的声音保持青春态

"老师,我坐在最后看不清您,但喜欢听您的声音。"

"谢谢,我知道。"

我是真的知道。母亲曾是小学教师,现在70多岁了,她在电话里的声音绝对可以减龄,也就是30到40岁。有时接听电话时,我会忍不会住说:"妈,你声音真好听。"

音质多少有遗传,但后天保养很重要。

小学时有位女生成绩很好,但她发声很哑,上课回答问题就有同学笑她公鸭嗓,后来她就不在课堂发言了。

其实声音是可以好好保养的,平时的一点点自律,带来终身的好声音,绝对值得。

一、控制入口之物。

不抽烟喝酒,不吃刺激性的食物,冰的、辣的、酸的、甜的,同时尽量少吃含片。这些都是生活的小习惯,须长年累月地坚持。

从不喝冰水,你做得到吗?

一边吃火锅一边吃清火片,一片抽烟一边敷面膜,这些都是自

好声音是你的另一张名片

欺欺人的行为。

二、避免过度用嗓，适时止语。

连续说话、高声叫嚷易使嗓子疲劳。

通常因为心急，才会又吼又叫。我先生性格温和，但面对女儿一错再错的作业，他会大喊大叫。于是，我找老师沟通，老师说孩子出错是正常的，这样才好调整教学。女儿说她很庆幸，因为自己出错时，父母总有一位是平和的，否则男女混双（打或骂）就惨了。

喊叫，非常消耗元气，且容易出现声带小结。**发现自己有情绪时，建议做的第一件事：止语！**

三、注意颈部保暖。

电影《知音》讲的是蔡锷将军的故事，其中一个镜头是母亲送给他一条围巾，叮嘱他保护好嗓子。后来看相关历史资料方知他当年患有喉部疾病，声音嘶哑、咽喉肿痛。最后医生主诊为肺结核菌渗入心部，当时无特效药，去世时年仅34岁。

那条围巾给我留下了深刻的印象。原来嗓子部位的保暖是如此重要。后来与北京体育大学赵之心老师沟通，方知"咽喉"部位的重要性。它连接我们的头与身体，是枢纽的位置。我也感受到中国的旗袍之妙，因为它把女性的喉部很好地保护起来了。

注意颈部的保暖很重要，尤其是女性朋友，一年四季都要保护好咽喉，夏天在空调房更要注意不要对着风口。

物理保护很重要，一个好习惯，免去病痛折磨。

四、保持情绪稳定。

很多时候我们嗓子痛并非用嗓过度。根本不是病理上的原因，而是心理上的原因。

《生命的重建》一书的作者露易丝·海指出：你的身体会说话。

当你觉得背部疼痛时，往往是因为缺少支持系统。

当你觉得心脏不适时，往往是因为你缺少爱。

当你突然耳朵听不见时，往往是因为你不想听到什么。

当你觉得嗓子痛时，往往是因为你心中有委屈没有说出来。

心病只有心药治。如果无法疏通心结，吃含片、喝糖浆、输抗生素，统统是无效治疗。保护好自己的一颗小心脏。

五、回到常识是本分。

气乃声之帅，情乃声之魂。好的声音离不开气息的支撑，更不能缺少真诚的情感。

稳定厚重的气息一定是常年锻炼的结果。多运动、多喝水、多练声，这些都是绕不过的。老天赐你一副天生的金嗓子，你只是不断使用它，而不保养它，那注定没有好结果。

你对它有多好，它就回报你多少。

青春态的好声音，源自你自己的声音银行的储蓄。

不学习、不练习、不保养，哪来的好声音？

好声音是你的另一张名片

拥有好声音的内驱力

大家是否注意到一种现象,就是系列网络课程的打开量会呈断崖式下滑。比如理财课、家教课、心理课等,如果首期是10000人收听,第二期可能是1000多人收听,第三期可能是100多人收听,收听人数呈断崖式下滑。

为什么明明知道有好处,却不能坚持?毕竟自己付出了真金白银的学费。

理由只有一个:**内驱力不够!**

大脑知道学习这个重要,掌握那个有用,而你的内心并没有强烈的渴求。

小曼是我的朋友,她是一位来自台湾地区的著名造型师的助理。老师对小曼非常好,可是一段时间过去了,发现小曼没有变化。让别人不解的是,在著名造型师身边这么长时间,你的外在怎么没变化?尽管我们知道你内在丰富。

后来这位著名造型师要回台湾了,临行前她拜托我照顾小曼。我也很喜欢小曼,她热情开朗大方,凡有好事总想着我。我和造型师终于发现,小曼没有变化的原因是她没有内驱力!她身边就是造型师、生涯规划师与教练，她随时都有机会，所以她并不着急改变。这也让我想起在峨眉山脚下的西南交大读大学的时光，可我从来不想爬峨眉山，因为资源就在我身边，我没有觉得它有多么珍贵。没有内在的驱动力去行动，所以在山脚下我也不想动。

小姐妹坤坤居然戒烟了！因为她近期剧烈咳嗽，医生看了肺部的X光片，提醒她立即戒烟，否则离肺癌不远了。因为还没有好好享受生命，因为太怕死，坤坤说戒烟就戒烟。因为有了内在的驱动力，行为才会发生变化。

我为什么要运动并练声？因为我清晰地知道自己虽然声音动听，但气息上还不够。因为我太爱讲台，一心想讲到70岁、80岁。如果我没有足够的气力，怎么能站得稳。这种感觉就像女人生孩子，因为太爱孩子，在生产过程中的十级疼痛与孩子的出生相比，根本算不了什么。

只有找到内驱力，才会改变，才愿意花时间学习、练习。否则付费学习只是自我安慰而已。

如何拥有学习和练习好声音、好身体的内驱力？

一、你可尝试把你感冒时的声音录下来听听，感受这时语言是几级能量，是否是你喜欢的声音。只有听到自己的声音不满意，才会愿意改变。

二、记下你咽喉痛、声音嘶哑时的感受。我们经常是"好了伤疤忘了疼"，建议你记下能表达这些感受的词汇，试着与其连接，并对它说再见。

三、尝试与你的咽喉对话，反思自己过去没有好好照顾，表示从现在开始你要加倍珍惜。发出声音的对话，就像祷告，更有仪式感。

四、确定加强声音和身体训练的目标，否则都是空谈。就像很多人都说喜欢钱，愿意拥有更多的财富。可你说"更多"是多少，当事人并没有具体数字。于是财富常常会流经他，却没留下来。

我们要有意识每天为好声音、好身体做一点点事。比如选择学习微课，每天练声、朗诵、听自己的录音、步行多少步，跑步多长时间等。

我的一位朋友每天雷打不动坚持声音打卡和跑步，原来是他想在半年内在喜马拉雅平台上开音频课，分享他所在领域的专业知识。

一个人的渴望程度是对其最大的限制。

有内驱力，做什么都带劲。

没有内驱力，一切都是空谈。

你的人生
是你"说"出来的

好声带好运 好话带好命

"如果改变一件事情会使你的生活变得更好,你会选择改变什么?"

"我没想好。"

"当你没想好的时候,尝试改变一下你无时无刻不在用的声音吧。"

这是奥黛丽·赫本主演的电影《窈窕淑女》中的对话。赫本扮演的是一位出身贫寒的卖花女伊莉莎,她的叫卖声引起了语言学家希金斯教授的注意。教授夸口只要经过他的训练,卖花女也可以成为优雅贵妇。

经过严格的训练,伊莉莎脱胎换骨。随着伊莉莎语音的改变,她的生活也发生了很多意想不到的变化。教授带姑娘去参加家宴,年轻的绅士弗雷迪丝毫也认不出对面就是曾经在雨中向他叫卖的卖花姑娘。他被伊莉莎高贵的谈吐深深打动,一见倾心。这是一个关于蜕变的故事,也是一个"好声音+会说话"改变命运的故事。

"外表脏的话不可能成为内在美的好姑娘。"良好的言谈举止来自内在修养,同时内在的心灵之美通过声音表现出来。

教授的训练方法很有效,而最重要的是他为伊莉莎建立了信念:任何生命都是与生俱来独一无二的,我们存在就有存在的价值,尝试一下展翅高飞,你会发现自己并不是一只丑小鸭,而是美丽的白天鹅!

"好声带好运,好话带好命"应该成为一种信念!

坚定的语气、沉稳的声音,在关键时刻给人信心与力量,这比钻石还宝贵。

电影《至暗时刻》讲述的是"二战"时面临来自内部的偏见与外部的法西斯战争,丘吉尔带领英国人民奋起反抗,度过黎明前最黑暗时刻的故事。

在这部影片里我们能充分感受声音与语言的力量,鼓舞人心!

"掌权应该趁风华正茂的时候,意气风发,年富力强。你青春不在的时候,就得靠智慧来证明了。"妻子对丘吉尔说。

"我没有什么可以奉献的,只有热血、辛劳、眼泪和汗水。我们的目标是什么?我用一个词来答复:胜利。不惜一切代价去争取胜利,无论多么恐怖都要争取胜利,无论道路多么遥远都要争取胜利。因为没有胜利就无法生存。"丘吉尔对全国人民说。

"二战"时的民众只能听广播,但他们被首相的声音所鼓舞。这就是声音的力量!

曾经我写过一篇报告文学,题为《声音的力量》,写的是国家电网95598的姑娘们。

她们都是国家电网接听热线的女性。都说三个女人一台戏,可是她们却特别团结,不止一人主动对我说:"写写罗姐。"后来我了解到罗姐因癌症刚去世不久,她不是先进不是劳模,但所有人都喜欢她。理由很简单:她在团队里从来没有说过一句负面的话。她在团队是像大姐般的存在,同事有困难她都义不容辞地帮忙,且不让对方感受到压力。她在接听用户打来的热线时总是说话温和,体谅对方的焦急与难处,让用户吃上定心丸。人们都说她活得明亮。

创业时一个人在外租房子,当我遇到问题致电95598时,心里特别踏实。美好的声音成为一个符号,代表一个行业的形象。

我们身边总有和颜悦色与又吼又叫的人。近日父亲在医院做骨科手术,感受特别明显。

华西医院的医生大多是博士学历,每位医生在病床说话总是轻声细语:"老爷子感觉怎么样?"然后面带微笑耐心解释。

父亲说:"宋主任叫我老朋友。10年前就是他给我做的手术。护士说我都80岁了还这么帅。"

我们不由笑了起来。

医护人员的温和的声音与温暖的话语就是良药!

任何时刻请相信:言布施,我们都可以做到。爱出者爱返。

当你发出好声好话时,自然也会收到好声好话。这就是彼此滋养。

轻松练一练

签名:　　　　　　　　阅读时间:

1. 倾听自己的声音。

可以尝试把自己的语音录下来,关注音量、语音、语速及清晰度。

2. 抬笑肌发声练习。

找面镜子,做微笑的表情,然后开口说话,去感受口腔发声位置及声音效果的不同。

3. 气息练习。

发u音来哼唱。尝试把舌头向后挪一点,深吸一口气,感觉把声音吞入咽喉。试试看发声越长越好。这个u音练习可以让你的声音更加圆润饱满。

扫码收听鹿老师的有声课程,配合本书学习,收获翻倍!

「说」出你人生

CHAPTER 13

你的人生是你"说"出来的。

本章向你介绍两个绝招:
一是催眠语言。它不是解决失眠的话语,而是绕过你的大脑判断,直接进入潜意识的话。二是优质对话。在不同的情景下,这个模板都会让少犯错,更加有礼、得体。最后为读者奉上的是:不同情景下,8套能量说话术。

语言的魔力,谁掌握它谁受益。

"说"出你人生

越优秀的人越懂得好好说话

如果你观察身边优秀的人,会发现凡事必有原因。越优秀的人,越懂得好好说话。

张清是我的朋友,比我年轻10岁,我们都曾是央企的宣传干部。后来他成了博为艺术学校的创办人之一,专注小学生阅读与写作的教学。这是他的热爱,他形容自己是"哭着喊着要当老师的人"。

女儿从小学一年级就跟张清老师学习阅读与写作。我知道孩子当时可能不一定都能听懂,但我愿意让她接受张清老师带来的文学熏陶。

转眼7年过去了。有一天我们又见面了。

女儿问张清老师:您送过我一本书《爱上读书的妖怪》,还记得在书的扉页上您写过的话吗?

张清:我记不全了。大概是,亲爱的小树,我预感会因为教过你而感到荣光。

女儿:哇,就是这句话。

过了一会儿女儿又问:您是不是给所有的学生都这么说啊?

张清：我对自己说过的话负责，这话我只对你一个人说过。我对所有的学生说的是：阅读点亮心灯。

女儿：和张老师在一起时间过得飞快。

张清：和你聊天，是养心。我很愉快。

每次带女儿见张清老师，都感觉是精神上进补。他说：我们做父母的不是对孩子提要求的人，而是给孩子兜底的人。

张清老师深得学生与家长的喜欢。他坚持每学年做一件事：给他的学生们写一封信，像朋友一样聊聊文学与人生。因为欣赏与同频，我在自己的公众号里朗读了他所有的信。我认为每一位看到和听到的孩子都会终身受益。

张清说我在全国各地、全世界有华人的地方讲学，如同满天的星光般闪亮，给人信心与力量。我说他在挖一口深井，在老地方不动，却给每一位靠近他的人得以及时补水解渴。

女儿说：张清老师是最厉害的人。

我说：妈妈也是很厉害的老师，张清老师教的是孩子，妈妈教的是成年人。

女儿说：孩子迟早会长大的！

言外之意还是张清老师最厉害。

张清与我彼此鼓励：人点灯，不放在斗底下，是放在灯台上，就照亮了一家的人。

婷婷是我在上海的读者，我们从素不相识到合作写书《我就是逆境中的传说》。她的自我评价：说话做事总能让别人感动。

我先生到上海自费学习，婷婷得知后与企业家杨总专程接机。

"说"出你人生

照片上看到先生捧了一束花,那是婷婷一晚上在灯下亲手叠出来的花!那时她还是我的热心读者,我们还没有见过面。她购买了20本我的书送给朋友。她说:"姐姐,我也想写这样一本书。写给孩子,我是学幼教的。"

一次次被她的真诚感动,于是我们有了后面的合作。她的先生在日本,她曾陪同上海企业家到日本富士山观光,途中演绎了一个"酒窝的故事"。

那天出发地的路况不好,因为先是下大雨,后又烈日暴晒,有一段土路有不少坑,非常颠簸。一辆商务车上的日本导游不断地道歉:对不起,请原谅!而婷婷在另一辆车上对大家说:"各位企业家,我们正行驶在前往富士山必经的'酒窝大道'上,每颠一下,我们就掉进一个甜蜜的酒窝里。数一下我们进了几个酒窝?!"同样的路,同样的目的地,因为车上的人不同,大家的感觉完全不同。

一句话改变人的情绪,绝对的高情商。大家都叫她酒窝小姐。

我们的相识源于上海企业家杨林生先生。当时我正纠结于留在国企还是创业,他对我说:"不要让别人偷走你的梦想。"瞬间有拨云见日之感,原来我还有梦想,我是如此渴望实现它。

每次到上海都是同学红梅来接送我,我们总有说不完的话题。当我携新书出现在上海书展时,红梅与杨总还专程购票进场为我站台。在前往机场的路上,红梅一边开车一边对我说:"雯立啊,我们才刚刚开始。"

是的,更好的未来在等着我们实现。

你的人生
是你"说"出来的

2018年底,我准备参加"中国培训"举办的"我是好讲师"全国大赛,这是培训界的奥斯卡。但我报名后就后悔了,一是太忙了,根本没时间准备。二是担心以自己现有的资历与年轻选手PK,如果成绩不在线就尴尬了。

想放弃,朋友们纷纷鼓励:

"把自己归零,代表一种精神。"

"你是在做行业的示范。"

"好课不是讲出来的,是从心里流淌出来的。你不用准备。"

"你会先声夺人,声音太好听。"

"心有多大,舞台就有多大。"

想想自己是心大。很多人比我更优秀,只是他们没想法。

我一路过关斩将,走到在上海举办的全国总决赛现场。当得知我获得全国50强与大赛最佳风采单项奖时,老师发来四个字:天道酬勤。

有能量的人总是愿意鼓舞他人:

"真为你高兴!一定要保护好你的嗓子,嗓音是你的特色。"

"钢铁的意志、温柔的心。"

"你有坚定的信念,这是摧不垮打不烂的东西。"

"内容让人耳目一新,呈现让人眼前一亮。"

"卓有特色,实至名归。"

"讲台上的你最精彩。"

……

物以类聚,人以群分。你是什么样的人,就吸引什么样的人。

"说"出你人生

如果你关注身边的谈话高手，不妨分析一下他们的行业、优势、内驱力和说话风格。

请跟两种人学习：一种是业界顶尖人物，一种是身边的高手，后者更便于观察、交流与提升。

越优秀的人越懂得好好说话。每句话，都给你补钙。

你的人生
是你"说"出来的

你说什么，什么就是你

"我快奔三了。"

"我都奔四了！"

"我是19岁的老阿姨。"

二三十岁，甚至19岁的人都有年龄危机感了。

而我们40+的年龄的人却说："一切才刚刚开始。"而且我们从内心就是这样认为的。

记得我年轻时因为业务能力强，得到上级单位领导的赏识，有意调动，找我谈话时说了一句："你都33了。"当时我觉得年龄就是我的耻辱。这么多年过去了，回头看33岁是多么美好的年龄。

你给自己一个什么样的定位，就会说出什么样的话，同时也会有与之对应或匹配的表现。

等红绿灯时，我常会想起一位女友，不管有没有车，或是有一群人已结队过马路了，她都会从容地等到"绿灯行"。她说："我是市精神文明办公室主任，不能闯红灯。"

培训界有位资深人士，每次研发成功新的版权课，都会经常对外宣称"全球首发"。一个人看重自己，别人也会高看你一眼。

也有的人会说自己没资源、没人脉、没有钱，当他这么说时，实难吸引人来帮助他，间接证明了他一无所有，于是没办法做成事。

一位贤良淑德的女性在家族中备受尊重，大家都发自内心地叫她"中国好嫂子"，她自己也欣然接受这样的称呼，言行举止都表现得越来越符合这个身份。因为被语言所鼓舞，她就有了自我要求。

有人把自己定位为屌丝。他会说自己学历低、没背景、收入少，周围所有的一切也都帮他证明他所说的话：我是屌丝。自己的潜意识会帮着收集证据！同时，也有人把自己定位为精英阶层，他自然会用言行证明自己：毕业于名校、世界500强企业高管、健身是习惯、好打高尔夫、英语是第二语言、爱听古典音乐、每天阅读财经杂志……潜意识中无法与屌丝做朋友。

我的朋友说她每次想发脾气时，会想到她对外宣称这辈子一定要做幸福女人，她要让"幸福女人"成为自己的标签。于是她就有意识地深呼吸，控制自己的情绪，因为幸福的女人不该是大喊大叫的样子。

你给自己一个什么信念，就会说出什么样的话，对自己有了要求，吸引来的人、事物就都不一样。

2012年，我参加了一个心理学课程，决定做自己下半生的编导，反转自己的人生剧本。

那时我在国企工作了近20年，我已能清晰地看到自己未来10年的样子。

我是如何下定决心离职的？一句话！

我跟领导说："现在的工作只是为了忙而忙，做梦都是工作。可忙碌让我没了思考，只是做事！"

领导当然知道我们很忙，他说："把事做完就不错了，不需要你思考。"

"不需要你思考。"就是这句话让我彻底绝望。我认为自己不是人手，而是人脑。我有想法、有创意。而你却说不需要。

其实我们关系很好，正是这句不经意的真话，让我决定离开。

领导问：你到底想要什么？

我想成为作家，却写了太多的公文，将来希望我的文学有情感、有情绪，读者是因为喜欢或被吸引而阅读。

我想成为演说家，或许我的某一句话可以点燃别人的内心。我的嗓音、文字、台风那么好，不拿麦克风上台演说可惜了。

我想成为咨询师，我每个晚上和周末都在学习，我或许可以帮助更多的人，能帮一个是一个。

我还想成为旅行家，我从小就喜欢到处跑，喜欢游山玩水，再不疯狂就老了。

……

7年前，我走到了人生的拐点。

7年后，我当初所说的作家、演说家、咨询师、旅行家的梦想统统实现。

如果我只是把想法深埋在心里呢？可我说出来了。再回首，哪里是我多么厉害，而是我遇到很多人来帮助与支持我达成目标。

"说"出你人生

说出来，公众承诺就这么神奇。

我不仅是行动派，我更是奇迹的创造者。

你说什么，什么就是你。

创业时，我与伙伴在上海开发了幸福教练系列课程，说要创立幸福教练联盟。吸引比我们强十倍、百倍的心理师、教练加盟，一起为提升3亿国民的幸福力而努力。接着我们不断放大梦想：幸福教练联盟——中国幸福教练联盟——世界华人幸福教练联盟。我们最初在四川一座城市连续培训三年，接着全国各地讲学，现在我的幸福伙伴真的在国外有华人的地方开课了。

语言真的有魔力。小心从你嘴里说出的话，一不小心就实现。

很多事情我们无法掌控，但我们可以掌握对自己说些什么。

我在说话，话在说我。

你的人生
是你"说"出来的

你不是催眠别人,就是被别人催眠

生活中,催眠无处不在。

比如:"枕边风",父母、老师的教诲,领导的讲话,地铁站、飞机场的广告等。

当有人向你不断地重复同一句话,或同一画面时,你就被催眠了。

催眠可以是正面的,也可能是负面的。

老师经常对学生说:

"你们是我教过的最差的一届。这届学生不行了。"

"你很幸运。转学到了全省教育最好的城市,又在最好的学区、最好的学校、最好的班级。"

同一位学生的两位老师对她说了不同的话,感受冰火两重天。幸好,后一位老师在最关键时刻给了正向催眠。说这个班的孩子都是幸运儿。言外之意,你来了你也是幸运儿。

我们经常被别人催眠,被别人的话所影响。

记得我刚创业时,有人对我说:"你要去开发的城市水很深、人假、还排外。"后来经历创业坎坷时,我脑子里常会勾起这三句

"说"出你人生

话,且都有具体事例可一一证明其正确性。认为自己太倒霉、太失败,一度开始怀疑自己。

后来我终于发现了自己的木马程序。确认无论多么艰难,我都会往前走下去。就像《牧羊少年奇幻之旅》里的那句话:当你想要某种东西时,整个宇宙会合力助你实现愿望。从此,世界变了,哪有什么虚伪、排外,我遇到的都是真诚、热情又有能力的人,我得到无私的帮助,而且朋友越来越多,我也成了有资源的人。

最近与弟弟在医院照顾父亲,与老人交流、学习倾听、带动转换正向思维,改变语言模式。

父亲说:"本不该跟你们说这些,但我还要说。"于是,他开始讲自己过去的痛。

其实他已经说过无数遍了,他说了上句,我和弟弟就知道下句是什么。他讲自己付出了多少。曾经一次走不动路,拄着一根棍子,最后被不知情的人扔了,他当时多么凄惨,以致现在走不动路。

我和弟弟听了10年,每次父亲咀嚼这个故事时表面看是痛苦,但实则津津乐道。父亲描述得极有画面感,细节非常生动。我们也越来越清楚:如果让父亲这样说下去,每说一遍都在加重他的痛苦。他每说一次,就捡回一根棍子,然后被人无情地扔掉,又一次加重委屈与痛苦。

父亲手术后无论是指标还是气色都一天天明显好转,可他还是说自己痛苦。他更愿意看到全家人都围着他转,这是老年人的心理。生病或手术是一种让家人团聚在自己身边的机会。同时,父亲养成了唉声叹气的习惯。母亲无微不至的陪伴，得来的都是他的挑剔，从没当着母亲的面说句暖心的话。

父亲愿意在床上一遍遍为我们讲述他曾经受的苦难。我们明显感觉他的气色非常好，但他却迟迟不肯下床锻炼。他甚至要求在医院多住几天。

我们要做是的是鼓励他下床锻炼。回忆过去，说悲伤的事，都不能带给人力量。我们要让他看到自己走出医院后行走于祖国大江南北的美好画面，并愿意为此产生行动：下床锻炼。

"爸，这回已经是最好的医生给您做手术了，再怎样都不会比过去更差，您说对吧？"

"嗯。"

"爸，您快好起来。我就想着您好起来后，冬天带您去海南过冬。咱去三亚住段时间。面朝大海，春暖花开。我小时候认识那么多鲜花与植物，都是您教我的。"

"冬天去三亚，好哇。"

"那您得锻炼啊。您得能上飞机啊！如果能走，去的地方可不就更多嘛。"

"那我现在下床挪挪。"

"好啊，你年轻时最喜欢旅游了，过去是您带我们玩，现在儿女带您好好转转。您还没出国呢，咱是先去泰国还是以色列？"

父亲是高级知识分子，一带他开始畅想未来，打开画面，他的心情明显转好，我和弟弟一起哄他，让他开心。

父亲愿意主动锻炼了，他觉得自己可以管理好自己。

"儿子买了新房，装修好后通通风，就把您接去，您和妈就能天天见到您的胖儿子了。"

"老爸，锻炼也要给自己定个小目标。今天走10步，明天15步，可以吗？略感劳累就休息一下。要是不锻炼，手术就白做了。加油！"

我和弟弟一唱一和地逗父亲开心，并鼓励他坚持康复训练。

父亲内脏器官及大脑反应都极好，只是腿不方便。人们的心理健康有时比身体健康更重要。看到、说出的负面信息太多，自己和家人都不愉快，对身体的康复也是极为不利的。

这次医院护理，我们成功让父亲**转变了负面思想，端正了生活态度**。同时让父亲学着当面夸奖母亲，时不时就唱《感恩的心》。

管理自己的情绪，同时也要影响家人的情绪。特别是病人。病人是弱势，但护理者不能表现得更弱势，任由病人从言行上传递负面信息，就会形成恶性循环。清晰目标：一切为了站起来！助推手段：细数恩典，感知幸福。

我们一遍遍地对父亲说："您有一儿一女，早晚伺候您，多幸福。连病友都羡慕你儿女双全好福气。您夫人多么关心您，天天来医院看您。"

"一遍遍地说""反复说"即催眠，越是绘声绘色有画面感，越容易进入人的潜意识。如果我们不注入正向信息，负向信息就会乘虚而入。

你倾诉自己的痛苦，每说一遍就再痛苦一遍。

你诉说自己的幸运，每说一次就感恩一次。

留意你的一言一行，特别是经常对自己说的话，那是对自己的催眠。

你的人生最好掌握在自己的口中。

你不是被别人催眠，就是催眠别人。

"说"出你人生

谈笑间的优质对话

写下这个标题,我脑子里一下蹦出来的是知名生涯规划师、畅销书作家贾杰老师。

说到抬杠,也称"嘴贱"。你幸福时,他当头棒喝,你悲伤时,他雪上加霜。总之你的不快乐,是他最大的快乐。

旁观一下贾杰的欢乐答疑:

1

问:"讨论和抬杠的区别是什么?"
贾:"讨论是我们一起发现事情的真相。"
问:"抬杠呢?"
贾:"无论如何,我说的是对的!"

2

问:"男朋友总喜欢抬杠,该怎么劝他?"
贾:"我和你在一起,是为了谈恋爱,不是为了争最佳辩手。"

问:"如果不听呢?"

贾:"一边说,一边把地上的半块砖捡起来,可能效果会好一点。"

3

问:"贾老师,能问个私人问题吗?"

答:"这儿还有公家问题?"

问:"你这么奇葩,会有朋友吗?"

答:"事实上还挺多,三教九流,各种类型有。"

问:"我很好奇,都是些什么人?"

答:"基本上两类:圣人与奇葩。"

问:"怎么讲?"

答:"包容我的人与和我一起疯的人。"

关于会说话这件事,有人研究黄渤,有人研究《奇葩说》,我特别关注两个身边能够着、摸得着的人:一位是心理咨询师、生涯咨询师贾杰,另一位是我的亲兄弟。

弟弟说他说话总把别人逗乐,别人乐了他也开心。我发现跟他说话,我这个语言教练也会受影响。莫不是咱家孩子真有语言天赋?

弟:今天遇到刘哥刘姐,我们还是老乡呢。他们才知道我俩是亲姐弟。

"说"出你人生

姐：鹿姓比较少。在7万人的国企，曾有人查了共三位员工姓鹿。除了我，另两位是我爸和我弟。

弟：我曾说自己太聪明了。

姐：爸说傻子都说自己聪明。

弟：爸说聪明是基本的。耳不聋为聪，眼不瞎为明。

姐：咱爸好智慧啊。

弟：是睿智。你好好组织些夸我的词汇，铺天盖地地砸向我。

姐：奇才、奇葩、大智若愚、看破不说破……

弟：奇才、奇葩是异类；大智若愚，有点憨；看破不说破，闷嘴葫芦。

姐：人精加戏精。

弟：装疯卖傻。

姐：民间的奇才。

弟：林中的草药。

姐：人中龙凤，我和你。

弟：有天，一位大姐遇到我说"哥，你的腿瘸起来那么帅"。我认为她是发自肺腑地认为我是跛豪。这才是真夸人。

姐：我还希望你能好好走路，现在的样子让人心疼。好好的人怎么就跛了？一声叹息。

弟：一声叹息，感受暖暖的亲情，心情、心境……我各种情境下都能找乐。

弟弟总是能给人带来欢乐。记得他曾形容我：从不向命运屈服，在生活中收集幸福的枝枝叶叶，编起一叶小舟，努力撑向幸福的远方，顺便还捞起些溺水的人。在这一过程中，力气渐长，队伍渐大，活成了一道风景线。

优质的对话可以让你笑，可以让你看到真相，还可以鼓舞你。

关注你身边的人，倾听优质对话，即可从中学习。

生活是最好的修炼场。语言是修行的法门。

谈笑间，或许你就把别人心中的阴霾吹散了。起码你可以做到不传播负面的能量。探讨事实真相，聚集能量，增进了解。

抬杠，没意思，也没意义。

对话，你来我往，愉悦了对方，也愉悦了自己。

"说"出你人生

8套幸福能量说话术

说话是一门有趣的学问,你只要按套路出牌,效果即立竿见影。或许,以下8套幸福能量说话术希望对你有帮助。

一、自我介绍。

1. 三明治法则。问候、说名字、一句话解释名字、复述一遍名字。这里建议大家说"我是某某",而不用"我叫某某",前者传递给人更多的信任感。给自己的名字加一句特别的解释,会给人留下深刻的印象。比如:

"你好。我是许庆,允许的许,国庆的庆。许一树花开,庆万物生长。许庆!"

"你好。我是陈阳,父亲姓陈、母亲姓阳,我是他们的作品,陈阳。"最后一句重复,是加深印象。

2. 立体式法则。初次见面,介绍了自己的名字后,如果还有时间,可以用一两句话介绍自己的过去与现在。最好有明显的对比,个人形象就会更加鲜活、立体起来。如,我原是学土木工程的,现在从事写作、生涯规划咨询。我曾是国企的宣传干部,现在是职业培训师、咨询师。

3. 一定要面带微笑说一声"幸会""很高兴认识你""谢谢你让我认识你"。

二、初次见面。

开场白要言简意赅，态度诚恳。先观察对方，了解对方感兴趣的话题。征询式问话："你好！请问我可以坐你旁边吗？""你也喜欢某某吗？""如果方便的话，一起吃饭吧？"语调不妨比对方略高一度，同时身体适当微微前倾。**双手抱于胸前、双脚交叉都不利于彼此沟通与交流。**

三、称赞对方。

在本书中有专门的文章写到幸福能量语言最关键的话术，不露痕迹地赞美对方："你是怎么做到的？"这句话太奇妙了。它能唤起对方的好感，内心反复回味，每回顾一次，幸福感就上升一个能级。

同时，我们建议少说"对不起"，多说"谢谢你"。

"谢谢"与"妈妈"这两个词在全世界都是最有能量的。同时说"谢谢"与"谢谢你"，也有微妙的差别。

同样一个意思，用"谢谢你"比"对不起"，更能带来彼此的美好感觉。

"对不起，让你久等了。"

"谢谢你，你等了我这么久。"

体会一下，不一样的感觉。

四、接受表扬。

1. 微笑回答"谢谢"或"是的，就是这样"，这是自我认同与确认，更能赢得对方的尊重。不要立即回夸"你也好棒"，效果并不好。更别草率地回答"没有，没有了""跟您说的差远了"。

2. 被上级或前辈夸奖，要说"谢谢，多亏您的指教""都是您教的，我只是认真照做"，这样人家都愿意指点你。

3. 被心情不好的同事或亲友夸奖时，考虑到对方的复杂心情，最好不要谦虚，直接回复"谢谢你，我也很开心"就好。同时借别人的称赞内容引入新话题，既回复了赞美，又开启了新的聊天话题，一举两得。

五、邀请对方。

1. 给对方拒绝的余地。比如约别人时加上一句："如果你有空的话……""如果感兴趣的话……"，这会让对方感觉很舒服。

2. 特别好的朋友可以强势确认。直接说"下周哪天有时间，一起去吧"或"我们能一起去，多开心哪"。

3. 邀请别人出行一定记住"3W1H"，即What、Where、Who、How much。即去干什么、去哪里、和谁一起、大概花费多少银子。

六、拒绝对方。

本书有专门的一个章节写如何说"NO"。这里补充说明的是,无论如何拒绝,都应先感谢对方的好意。温柔而坚定地叙述拒绝的理由,慢慢为对方心理上铺上一个被拒绝的软垫子。拒绝工作委托时可以说"如果我接受了,可能反倒会给您添麻烦""有没有其他事情我能帮上忙的"。总之拒绝要坚定,语气要温柔,你拒绝也是为对方着想。

七、体面道别。

1. 实话实说。需提前离场时,有合理的原因时不妨实话实说。比如:"孩子一个人在家做作业。""老人刚刚出院,需要家人陪伴。"

2. 体贴对方:"有点晚了,不要紧吧?""聊得太开心了,才发现都到这个时间了,没耽误您接下来的安排吧?"

3. 向留下的人表示歉意,微露不舍之情。离别时说:"下次什么时候才能看到你呢?""要保持联络哦。"

八、回应对方。

1. 少说"我的""你的",多说"我们的",这样可以拉近彼此的距离,甚至让对方站到自己这一边。

2. 肯定时要点头确认"原来如此",让对方感觉受到认同。

3. 展开话题时要问:"后来呢?""然后呢?"让对方感受到你愿意倾听。

4. 转折时要说"话说回来……""你的话让我突然想到……",自然进入一个新话题。

5. 建言献策时要说"如果……或许会更好一些",给自己与对方都留有可进可退的余地。

6. 当对方自我否定时,你要立体式正向引导:"我看到……听到……我感觉到……"每一句都是肯定。

7. 需要同情时,一定要说:"如果我是你,也会这么想。"千万别在此时指责对方,以显示你比别人高明。对方这时不需要军师,只需要一个倾听的人。

8. 当对方反复重复同一内容时,你可以总结一下其话语的主要内容并复述出来,然后问:"您说的是这个意思吗?"言外之意是你听懂了。眼神、表情的同步很重要。

这8套幸福能量说话术,与日常生活息息相关,简单易学,即学即会,一用就有效。

曾有人问我:鹿老师,万一被人听出这是说话套路怎么办?

我从来没有这样的担心,因为沟通交流从来都只有一个前提:真诚。真诚本身就是套路。

在真诚接受的前提下,熟练运用话术。**好好说话,人情练达,是成熟的表现。**

你的人生，"你"说了算

◼ 如果说这本书是我写出来的，不如说是我"活"出来的。生活是最好的修炼场。

说话，看似平常，实则是对自我、对世界的表达。我就是因为一句话改变了下半生的人生轨迹，完全是反转人生。我渐渐成为很多人心目中的标杆人物，不是因为我有多厉害，而是越来越多的人愿意改变，渴望做自己人生剧本的编剧和导演，同时意识到每天所说的话对自己生命能量的影响。

"因为你的一句话，我开始改变……"常常听到学员或朋友这样的反馈，我反问："是我的哪句话影响了你？"接下来的交流是彼此能量的交汇与滋养。作为一名职业咨询师、培训师、教练，面对众多来访者和学员，更深刻地体悟到话语对一个人的思维模式

尾声

与行为模式的影响:你说出的话已表明了内心的一切。

语言是洞悉人性的一扇窗。当意识到说话与人的生命状态有关时,我就开始研究说话这件事对个体和群体的影响,并在生活中收集鲜活的案例。简单的事情重复做,我坚持8年每天记住记录并分析当天哪些话影响了我的情绪与行为。我的生命无时无刻不在备课,我想做些利他的事,而所有的"利他"最后都是利己,因为万事万物相互作用。

"看到这本书的读者,很幸运。"我一边写一边感慨。

语言,是人与动物最大的区别之一,应珍惜并擅用。我注意到现实生活中的两种现象:一是很多人懒得开口。他们更愿意与手机形影不离,视说话为麻烦。懒得跟父母多聊两句,懒得与伴侣多一句解释,懒得跟领导进一步沟通,任由误会一点点放大。二是特别爱说却不会好好说。随便讲话,不懂分寸,好事都能办砸。说话不考虑对方的感受,引发不适甚至对立。尤其是在职场,说出去的话,泼出去的水,说错话即覆水难收,绝非一句"对不起"就能化解。一句错话便功亏一篑。

会说话才会办事,才能成事。

本书介绍了8套能量说话术,5个语言互动技术,2个自修模板。每一章都有"把说话变成游戏"的小练习。没有太多的大道理,简招即是绝招,只要能把其中的一两个方法学好并用出来,就会受益无穷。我常说:谁遇到我,我就是他的礼物。如果不能见面,或许我们可以在书中相遇相知。

书中分享的工具与方法,都是我用过、教过并坚持做到的,实证有效。这些内容可以为读者带来全新的价值，快速成为高"言值"的人。记得每天早起都要说三句自我正向暗示的话：一、我爱我自己；二、我真的很厉害；三、今天一定有好事发生。

言为心声。你正说的，就是你的人生。我们可以通过语言进行自我塑造。要用爱心说话，建设关系，而不是宣泄情绪、破坏关系。闲谈莫言他人过，说话要自制，要说造就人的话，正向反馈、纯良的话语让听者蒙恩。尤其是天生具有表达优势的女性，你的话语决定着家的温度。你好了，家就好了；家好了，社会氛围就好了。给自己一个美好的预言，幸福之花就会一朵朵开放。我们都有能力自证预言。

有话好好说，它是一种意识，需要学习并练习；它是一门手艺，需要实践与提升；它是一项艺术，带来享受与滋养。

语言是生命的呈现与照亮，是自我修炼的小切口。有话好好说，说人话，说造就自己与他人的话。你的人生是你"说"出来的。

鹿雯立

《鹿雯立：用好声音说出你的人生》有声课程在喜马拉雅 APP 同步上架。

这是一个将好声音与会说话相结合的课程，通过语言和声音的训练，让生活变得如你所愿。本课程一共八节课，将带给你：8 套幸福能量说话术，5 个语言互动技术，2 个自修模板；课程中所有的案例均来自于日常的工作与生活，有趣、有料、有用。

简招即是绝招。教你最简单易学且有效的方法。学了就有用，用了就有效。让我们开始吧！

课程目录：

导语：好声音+会说话
第一讲：什么样的声音受欢迎
第二讲：好好说话的黄金套路
第三讲：针对性完善你的声音
第四讲：8 套幸福能量说话术
第五讲：如何提升你的声音美感
第六讲：会说话才会办事：如何说 No，如何赞美
第七讲：好声带好运，好话带好命

《鹿雯立：用好声音说出你的人生》
四川文艺出版社大声武气工作室出品